お笑い芸人のトークに学ぶ

「勝ち癖がつく
最強
プレゼン術」

Penalty HIDE
ペナルティ ヒデ

角川春樹事務所

はじめに――

私の事を少しでもご存知の方は「なんでヒデがビジネス書？」と思う事でしょう。

そしてご存知ない方は「芸人がビジネス書？」と思うはずです。

実は私、フジテレビの番組『ノンストップ』内の通販コーナー『いいものプレミアム』のMCを2014年からやらせて頂いています。

2021年6月現在で、フジテレビはなんと**7年連続在京キー局テレビ通販売り上げナンバー1の実績**があり、その実績に大きく貢献しているのです。

なお**2020年度の『いいものプレミアム』は番組史上最高の売り上げ**になるそうです（2021年3月現在）。

ちなみに番組の放送時間は当初、約7分半でスタートしたのですが、約10分に延長されました。

その僅かなオンエア時間にもかかわらず、なぜ芸人の私がここまで連続1位に貢献でき、結果を出し続けていられるのでしょうか。

理由は2つあります。

1つは言わずもがな、紹介する商品が素晴らしいからです。

そしてもう1つ、手前味噌になりますが、**私のプレゼンテクニック**のおかげだと自負しております。

それ故に、出版のオファーを頂いたのです。

これまで、どうすればより多くの商品を売ることが出来るか、を研究し続けてきた私の、いわば手の内を明かしてしまおう、というのが本書の内容です。

そして私だけでなく、**『喋りのプロ』である有名お笑い芸人の皆さん方が人を惹きつけ、魅了し続けるトークテクニック**を、私なりに分析した結果、とても勉強になったのです。

そして、そこから導き出した各人の独特なテクニックと私の経験も活かしながら、**ビジネスシーンで使うことが出来る『プレゼンのコツ』**を紹介することが出来れば、読者の皆さまのプレゼンのお役に立つのではと思い、この書を執筆した次第であります。

各章でお一人ずつ、ビジネスに通じる部分に絞ってご紹介していますので、本書を参考にすれば、ビジネスマンはプレゼンの席で、店舗スタッフの方は売り場フロアで、確実にトーク&コミュニケーションに磨きがかかり、ビジネススキルもアップし、売り上げアップにも繋がると思います。

読者の皆さまには、この書をきっかけに**是非ともプレゼン上手になって、ビジネスで『勝ち癖』をつけて頂きたい**のです。

とにかく難しいプレゼンも、芸人のエピソードを用いて分かりやすく、楽しんで頂けるように説明致します。

つまり**『教科書は芸人』**です。

皆さんの日々のビジネスシーンは元より、日常のプライベートシーンでも、この書のセンテンスが少しでもお役に立てたら幸いです。

ペナルティ　ヒデ

目次

第一章　好感度の帝王！　お笑い怪獣・明石家さんまさんに学ぶ、親近感が生まれる楽しい話術

プレゼンはショータイム。そのショーの主役はまさに貴方なのです。

そしてどうせ**ショータイムならば、楽しいプレゼンを心掛けたい**ものですよね。では何故、楽しいプレゼンが良いのか。ただのノリではなく、理由がちゃんとあるのです。

旅行を決めたら、旅先で何をして、何処を回り、何を食べようかと想像する、あの時のワクワク感やショッピングの際の高揚感。

それは普段とは違う別の自分のようなもので、少し大胆になったり、いい意味で流されてしまうのです。

『思い切って派手目な色にする』とか『奮発して高級なお肉にする』など、僅かばかりだけれど気が緩んでいる状態と言えます。

中身が分からないのに福袋を買ってしまう心理もその1つ。人は皆、新しいワクワクを求め続けているのです。

そもそも**人は本能的に快楽を求める**ものです。堅苦しいものより、真剣に楽しさを追求しているプレゼンの方が好まれるという事です。

つまり人は何かを決める時、例えば『旅行先を何処にする?』『どっちの服を買う?』『お昼は何を食べる?』となった場合、何かを基準に絞り込まなければなりません。それは料金や費用だったり、その時の気分や状況だったり、誰と行くかでも、大きく変わりますよね。

皆さんもそれぞれ決め手はあるでしょうけど、**根本的な核となる部分は『楽しいか、楽しくないか』**だと私は考えています。

それは企業にとっても一緒です。将来的なプロジェクトを決めるといった大きな事案も、**心を弾ませるような楽しいプランに傾くもの**なのです。

つまり人は何かを決めるとなった時の判断基準として、『楽しそうだな』と、感じた方を選ぶものなのです。

そこはプレゼンも同じです。やはり重要なのが、楽しいプランを創り上げ、提供していくという事です。

この時の楽しいとは、決してゲラゲラと声を出して笑わせる事ではなく、**ワクワクやドキドキといった、プレゼン相手の感情（遊び心）を煽ったり、揺さぶったりする事**を指します。

そして、その時はきっと貴方もワクワクドキドキと楽しんでいるに違いありません。

そもそも仕事に対して遊び心のない人は、どうしても魅力に欠けて映ってしまいがちです。

そう考えると**仕事が楽しいなんて最高**ですよね。楽しい上に給料まで貰えるのですから、絶対に楽しくした方が良いに決まってますよね。

プレゼンは大変な作業です。準備段階からかなりの労力と時間を必要とします。

そこで、どうせなら楽しく準備作業をして、更に相手も楽しませてプレゼンに勝つ。

これが大理想です。

要するに**『楽しんだ方が&楽しませた方が勝ち』**なんです。プレゼンを受ける側も、退屈なプレゼンを聞かされるより楽しい方に興味をそそられるのです。

この楽しいと思わせる術に長《た》けているのが、そうです！　皆さんご存知、**日本最高級の好感度の持ち主【明石家さんま】さん**です。

言わずもがな、お茶の間に笑顔を届け、第一線で活躍し続ける、通称『お笑い怪獣』です。

さんまさんのスタンスをプレゼンに当てはめるとまさに劇場型プレゼンと言えるでしょう。

もしさんまさんがプレゼンをしたら、きっと元気良く登壇し、そのままひと笑い取ってスタート。**起承転結ならぬ起笑転結のトーク展開**でマシンガンのように畳み掛けるでしょう。

舞台は戦場、笑いが全て。**楽しくなければプレゼンじゃない**（笑）。

笑いを織り交ぜつつ、双方向で進行し、決してプレゼン相手を置き去りにはしません。

周囲を笑いで包み、半ば強制的に同調させてしまう事でしょう（笑）。

やはり笑いは人を魅了する強力な武器なのです。


百戦錬磨の負けないプレゼンターは『トークのバリエーション』を多く持っています。いわゆるカード（切り札）です。

つまり、皆さんにもバリエーションを増やす作業を普段から、いやこの本を読んでいる今から、徹底して意識して頂きたいのです。それだけで大きな変化、成長が約束されます。

ちょっとした言い回しや話し方のバリエーションを持つだけで、今までとはまるで違った楽しいプレゼン展開が可能になります！　それを貴方も会得していきましょう。

そして、この私も（笑）。

■プライベートも戦場

さんまさんが趣味の麻雀を僕の相方のワッキーや後輩芸人とやった時の事。

雀荘に訪れたさんまさんは席に座るや否や、雀荘に来る間に起きた面白話を披露し、早速ひと笑い取ったそうです。

和やかな空気の中で麻雀がスタートすると「そう言えば、ワッキーも来るまでに凄い事があったんやろ？」とさんまさん。そうです、いわゆる無茶ぶりです(笑)。

急なフリに相方は頭をフル回転させ、昔の話をあたかも先程のように始めました。

相方の話にさんまさんも周囲も笑顔に。相方は胸を撫で下ろし、再び麻雀に集中しようとした矢先、「ほんで？」と次の展開を引き出しにきたのです。芸人の中で知れ渡る『ほんで口撃』です。

この『ほんで口撃』とは、話をしている人に対して更に面白い事を要求していく、100本ノックの芸人版です。他に『からの～口撃』というのもあります。

この『ほんで口撃』を喰らって持ち堪えられれば、どんな状況でも戦い抜ける力を体得出来ます。

この口撃に怯《ひる》む事なく、次の展開を直ぐに絞り出していく。そしてこの口撃は最終的に大爆笑になるまで続きます。勿論、さんまさんのツッコミで終わる場合も。

さんまさんから『ほんで口撃』を受けた本人はなかなかのワキ汗の量でしょうが、周囲は麻雀そっちのけで大笑い。まるでジャイアンツの宮崎キャンプのように盛り上がったそうです。口撃を受ける本人は大変かも知れませんが、番組が1本撮れてしまうくらいに面白いそうです。

この愛のマンツーマントレーニングを受けた芸人は間違いなく売れています。アンジャッシュの児嶋君やジミー大西さんもこのパターンでお茶の間に認知され、押しも押されもせぬ売れっ子芸人になりました。日本一のお笑い芸人から直接の指導を受けたのですから当然ですよね。

そしてこれは言うまでもありませんが、あくまでも分かり合えた当人同士の関係性と同業者同士の愛情で成立している遊びなんです。

実際に相方も嬉しそうに僕に話してくれました。要はプライベートでさんまさんにイジってもらえたと、僕に自慢したかったようです(笑)。

『ほんで口撃』をくぐり抜けた芸人達は、どんな状況下でも笑いに変える力が付きます。漫才やコントなど決まった**台詞以外で戦うために必要不可欠なアドリブ力が自然と身に付く**のです。

しかも、この厳しい『ほんで口撃』の目の前には、あのさんまさんの笑顔があるのです。そりゃ、最高のレッスンですよ。

さんまさんとの麻雀はスポーツでいう筋トレだったり、スパーリングや練習試合と一緒なので、さんまさんのスピードに慣れれば、殆《ほとん》どの現場がスローに感じるのでしょうね。

ココマネ！

貴方の周りがイエスマンばかりではプレゼンチームの成長はありません。常に意見交換をしていく事が必須です。それにより想定外のやり取りに対しての対応力が身に付きます。

時間を掛けて用意したプレゼンを全て出し切る事は当然ですが、場合によってはアドリブで乗り切らないといけない予期せぬ事態が起きるかも知れません。だからこそ、アドリブ力が必要なのです。

■どの現場でも戦い抜く精神力

この『ほんで口撃』を受けると、ポジティブで強い精神力を養えます。この成果は目に見えて分かります。何気ない言動で爆笑を取れたり、フラれた時の返しが早くなったり、はたまた一言で落とせるようになったりと、『ほんで口撃』以降のウケ具合がまるで違ってくるのです。何せさんまさんのレッスンを受けたのですから余裕です。

仮に笑いを取れなかったとしても返し続ける姿勢、逃げずに絞り出す事が大切です。

芸人にとっては、その姿がさんまさんの印象に残ればチャンスが広がる事を約束されるからです。

ココマネ！

ほとんどのプレゼンが緊張と重々しい空気の中で始まります。もしかすると用意していたデータが消えるとかプロジェクターが起動しないとか、あり得ないハプニングがあるかも知れません。

そんな時に慌てる事なく対処するためには普段から諦めない精神を養う事。それにより新しい道が開けていくのです。それを笑顔でやることが出来れば最強です。

■芸人は笑いを最優先で考える

さんまさんと会った後輩たち皆が、「自分のアイデンティティは人を笑わせる事」だと強く認識し始めます。そして**人を笑わせる事で自分自身も幸せを感じる**ようになっていきます。

すると、もっと幸せになるために、もっと努力しようと考えるのです。それは露出が増えるばかりでなく、収入増にも繋がるからです。

やがて人を楽しませる事ばかり考えていたら、自分自身も楽しみながら有名に、そして幸せになっていた、となるのです。

これは同時に、その場に居る共演者やスタッフ、視聴者の皆さんのハッピーに発展していく訳ですから、結局のところ誰一人として損をしていないという事に繋がっていくのです。

ココマネ!

社会人として最も大切なのは貴方とその周囲が幸せと感じるかどうかです。貴方を、そして誰かを不幸にしてまで働く必要はありません。人を喜ばせる事が貴方の喜びにもなっていれば努力も苦ではなくなるのです。

■笑わせていたら人気者に

さんまさんの周りは誰しもが笑顔なのです。

人は誰もが楽しく生きていたいから、楽しい人、楽しい所に人は集うのです。これがバラエティ番組やお笑いライブが無くならない理由です。

極端な話、人を笑わせられる人は尊敬され、愛され、困った時には助けてもらえます。

正直「笑わせている」でも「笑われている」でもどちらに捉えられても構わないのです。

我々芸人は楽しんでもらえれば、それで良いはずなのです。

『人の笑顔を見る事』が仕事な訳ですから、自分以外の主観は極端な話どうでも良いと私は思います。

厳しい仕事も笑顔でいきましょう。そうすれば、きっと道は拓けていくはずです。

笑顔が溢れる社会と会社を作るには、良いアイディアを生み出す環境作りが必要です。その空気を作るのが、あなたなのです。

■極力、短い時間で笑わせる

『ほんで口撃』は芸人的瞬発力を鍛えるのに打って付けの練習手段です。

テレビやラジオは収録時間もオンエア尺も限られていますので、短く笑わせる事に意識を置く事が出来るようになれば、とても重要な武器になるのです。

プライベートで麻雀を楽しみながら、テレビ・ラジオで使えるネタ（カード）を作ることが出来たのですから、何ともありがたいご指導だったと言えます。これは後輩芸人にとっては、まさにご褒美のようなもの。

よく考えたらこれって、プライベートの時間で、仕事で使えるマンツーマントレーニングを受けているって事ですよね。そりゃ、全国ネットで活躍するようになる訳だ……私も受けてみたい。

ココマネ!

プレゼン内容を精査し、テンポと展開を心掛ける。随所に『笑いに変わる楽しさ』を入れる。つまり『商いは飽きない』という事です。

■回転の速さ

ある時、大阪・梅田の中学生が横断歩道で信号が変わるのを待っているさんまさんに気が付き、突然さんまさんのお尻を蹴るという、暴行罪にあたる行為をしたことがありました。

普通でしたら警察沙汰の騒ぎになってもおかしくないのですが、さんまさんはその中学生に向かって、「ナイスキック！」と言い放ち、調子に乗った中学生を一瞬にして静かにさせたという、伝説のエピソードがあります。

相手の想像を遥かに超える発想力。そして寛大さと包容力。咄嗟《とっさ》に出る瞬発力。誰一人傷つけずに笑いに変えてしまう、まさにモンスターです。

自分自身にとって、マイナスな言動に対しても、ノリツッコミというテクニックで笑いに変え、その場を乗り切るどころか、逆に好感を抱かせて、味方につけてしまう凄さ。

ココマネ！

咄嗟に気の利いた返しをする事は出来なくても、一時の感情に流されずに、最良の対応をしていく事を意識する。

結論

『商いは飽きない』、プレゼンは『飽きさせない』が大事。どうせやるなら楽しく、どうせ聞くなら楽しくです。

笑顔は人を惹きつける磁石のようなものです。

プレゼンのスピーチ原稿を徹底して作り上げ、随所に貴方なりの楽しさを入れていきましょう。

楽しいプレゼンだからもう少し聞いてみたい。面白い展開だから最後まで飽きなかった、となるまで練り上げていくのです。

方向性が決まったら、楽しんでもらえるための内容と流れを考えていけば良いだけです。

お金を掛けるのは自由ですから構いませんが、大切なのはお客さんに喜んで欲しいと思う気持ちとウィットに富んだ言い回しを心掛ける事です。

✣ヒデのスタンス✣

いつも私は物を売ろうではなく『物語』をプレゼントするという気持ちでいます。
なぜならその先に人はそれぞれの『物語』を思い浮かべるからなのです。プレゼン＝プレゼント、つまりプレゼンは相手を思ってのギフトだと考えるようになって、私の方向性が決まりました。

同じような商品ならコッチで買った方が楽しいだろうな。コッチだったら喜んでもらえるかな……など、幸せな結果や未来を想像し、笑っている自分自身を思い浮かべるからなのです。

「買って下さい」では買ってくれません。ではどこを刺激すれば興味を抱いてもらえるのか？

そこで大切なのが『物語を届ける』という真心です。

例えばコレがあれば「生活が激変する」「気持ちが豊かになる」「家族間の会話が増える」など、物が1つ増えるのではなく、物語が1つ生まれる事を想像して頂くのです。他には「使わないと勿体ない」「知らないと損している」と自尊心に訴える時もあります。更に「時短になる」「月々〇〇円もお得になる」など、昨日の自分よりも確実にハッピーになるというご提案も致します。

パチンコやクレーンゲームに時間やお金を使う方も目の前の現実より、その先にある未来の物語を思い描いているからでしょう。だから、プレゼン相手にも楽しい未来や待ち構えている幸福の物語を想像させる事が大事なんです。

その物語の主人公がプレゼン相手で、貴方が物語の作家や脚本家であり、演出家であり、監督なのです。

本書では貴方の創る物語の手助けをする、いわば助監督の役割を目指しております。監督と助監督は一心同体。この本が貴方のビジネスライフの大きな存在になれたら幸いです。

第二章　芸能界ナンバーワンユーティリティプレイヤー・今田耕司さんに学ぶ全世代対応力

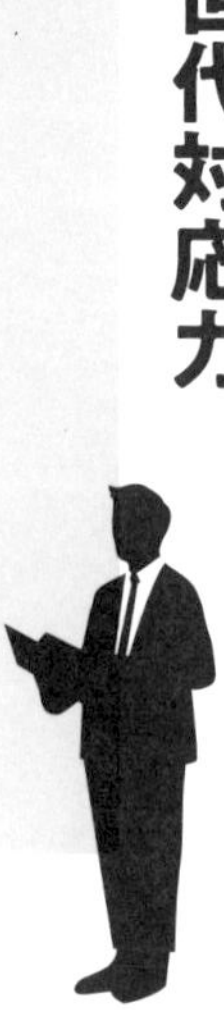

想定外の事が起きてもトーク1つで難なくすり抜けられたら、プレゼンに限らず様々なフィールドで役立ちます。やはり**ビジネスマンには巧みな話術が必要**なんです。それも、どんな状況でも、**誰が相手でも乗り切れる対応力が大事**なのです。

多くの人材と時間を要し、完璧なプレゼンの準備をしてきたにもかかわらず、小さなミスやアクシデントで、プレゼンイメージが総崩れに……なんて事になったら元も子もありません。そんな時こそ、【対応力】が必要なんです！

今ではショッピングは店舗に行かなくても出来てしまう時代です。ネットなら自分のペースで好きな時間に自由に選べますから、業界にとっては大きな変革期を迎えたという訳です。

こんな時代に店舗に来てくださったお客さんに商品を買ってもらうために必要な接客でのトークテクニック。ここでも、どんな人にでもアプローチ可能な対応力が必要となります。

プレゼンも最早オンラインのみで充分、という時代が直ぐそこまで来ています。だからこそ、**対面式に比べて、なかなか感じ取れない相手の微妙な反応に対して、瞬時にトークの選択をする対応力が求められてきます**。

たとえば、マスクをしている相手だと表情が分かり辛いので、尚更対応力が不可欠となります。

貴方が大きなビジネスを提案したくても、人と会うチャンスが減少傾向の今。逆に、このチャンスをモノにすれば、貴方の評価はうなぎ上りになります。このチャンスを是が非でもモノにしていきましょう。

誰にでも合わせられる。つまり老若男女問わず、誰とでも話が出来れば、当然ながらプレゼン相手にも通用する訳です。

簡単に言えば**『アドリブ』に強いかどうか**という事です。

アドリブの対応で流れや空気を変える、そんな力を持っていれば形勢逆転、完全勝利が可能となります。

この**対応力に最も長けている芸人さんが【今田耕司】さん**なのです。

今田さんはＭＣの時は仕切り、先輩の番組ではサポート役、多人数の時は裏回し（番組の構成を把握して、ズレた流れを元の主流へと戻す）、後輩の番組ではフォロー役。とにかく変幻自在に役をこなします。

他にも、若手と大物を繋げるパイプ役、プライベートでは飲み会の中心役となり、酒宴を盛り上げてくれます。

明石家さんまさんがストロングなホームランバッターなら、今田さんは全ての打席で２塁打以上が打てる広角打法の安打製造機と言えます。様々な球種に対応し、とにかくバットに当てていくのが上手な方なのです。

つまり、お笑いBIG3からお笑い第7世代まで。はたまた役者、アーティスト、アスリート、そして素人さんまで、完璧なまでに対応し、フィットしてしまうのです。

このフィットカが**【対応力】**と言えます。

以前インタビューで『相手(番組制作)に求められている事をやる方が自分には向いている』と今田さんは仰っていました。これぞ今田さんの真骨頂。まさに対応力なのです。

このユーティリティプレイヤーの今田さんから、プレゼンに役立つヒントを紹介していきます。

■メインでもサブでも

今田さんはメインでもサブでも、その時々に合わせて立ち位置を変えられます。

『メイン』の場合は全体を仕切るMC。プレゼンでいう進行役です。

『サブ』の場合は雛壇《ひなだん》もこなします。プレゼンでいうサポート役として、プレゼンに厚みとテンポを持たせる仕事を担います。

どちらも素早い対応力が求められますが、特にサブの対応力次第で、メインのプレゼンに勢いがつく大変重要な役割だと言えます。

車ならメインは『ハンドルとアクセル』、サブは『ギアとブレーキ』のような仕事となります。

だからこそメイン以上にサブの対応力が必要と言えます。それを誤るとプレゼンで事故を起こしてしまいます。

ただ、舗装された道ばかりではないように、プレゼンも決して常に自分のペースで走れる訳ではありませんし、他の車や人の行き来など交通状況とルール、マナーなど街全体の流れも読みながら運転を続けなければなりません。

今田さんはこの流れに従いながら、最も近い道を選択し、笑いをハンドリングしているのです。


ココマネ！

立場をわきまえ、使い分ける。貴方が何を求められているのかを迅速に把握する事で重宝される存在へとなります。

■合いの手のタイミング

今田さんの高度なテクニックとして、**誰かが話し終わる末尾の言葉に被せるタイミングでご自身のトークを始めたり、**ツッコミを入れたりしています。

これにより**誰の邪魔もせず、自分の発言を披露する事が可能となります。**これが感心する程にお上手なのです。

また今田さんはMCに対しての『合いの手』を入れるタイミングが抜群です。MCの呼吸を読み、決して乱さない。阿吽《あうん》の呼吸で進行補佐を担うのです。だから大物にも好かれるのです。

ココマネ！

スライド切り換えや資料を配るタイミングなど、プレゼンをスムーズに進行する事でテンポも上がり、小気味良い掛け合いのようなものが生まれます。この絶妙なやり取りで他社を圧倒する事が可能です。メインプレゼンターの言動と呼吸を盗み見て動く。これによりプレゼンの勢いが加速します。そして貴方への信頼度も加速します。

【今田さんのエピソード】

■後輩の彼女に挨拶をする

これは実際に僕もして頂いた1人ですが、今田さんはご自分に彼女が居ない代わりに、後輩の彼女を大切にしてくれます(笑)。ゴハンの時には彼女同席でも誘ってくれます。

僕の家族と今田さんのグループが、たまたま海外旅行先が一緒だった時も、僕が滞在するホテルにわざわざ来てくださり、両親に挨拶して頂き、子供と遊んでくれもしました。

そんな事をされたら、今田さんのために公私共に頑張ろうって、そりゃ後輩は思いますよね。

お笑いもプレゼンもチームプレイが大切。若手にも役割を与え、責任感を持たせましょう。仲間を常に気にかけ、更に仲間の大切な人も大事に考える。それにより信頼を勝ち得る事が出来るのです。

■ フランクに呼び合う

今田さんの恐ろしいまでの対応力として、初めて飲んだ後輩に直ぐさま対応するだけではなく、その後輩の彼女も合流OKで、更に来て早々に下の名前で呼んで即対応してしまうのです。同席した女の子も、今田さんから「○○ちゃん」なんて呼ばれたら嬉しいですよね。

そこから2人の馴れ初めや、飲んでいる最中のやり取りを記憶しておきます。そうです、いつか共演した時に披露するためにです(笑)。

そして後日談として、その後輩が番組のゲストに来た際に、あの日の食事会のエピソードを話して笑いを取ってしまう。この対応力からの『成功の連鎖』には心から頭が下がります。

ココマネ！

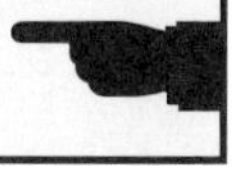

相手を選ばずトークする事で対応力が伸びます。そこには相手も自分も楽しみたいという気持ちが根本にあるのです。それには積極的に話をする事が第一歩となります。

■若手を大切にする

今田さんは芸人のみならず、**若手のスタッフにも優しく接します。**これは今田さんの分け隔てなく対応するお人柄ですが、間違いなく若いスタッフ達はまた今田さんと仕事がしたいとなりますよね。

実際に、若手のＡＤさんが後に大物プロデューサーに化けた……なんて話は昔からありますから親切に接していて損はありません。

プレゼン相手の中に若手社員や新入社員の方が居たら、その世代への配慮を忘れずに行いましょう。いつの日か、その人達が出世して、プレゼンの勝敗を握る人物になるかも知れませんからね。

ココマネ！

どんな世代にでも自信を持って話しかけ、差をつける事なく接する。相手に合わせてトークスピードや説明方法、アプローチの仕方、比喩などをシフトチェンジしていく事が大事です。

■常にチャンスを求め続ける

今田さんは仕事終わりで共演者やスタッフ、多くの方と会食に行かれます。この行為は沢山の方と親密になり、自身のバイタリティをアピール出来ている事と一緒なんです。つまり、仕事の反省会や慰労会だけが目的ではなく、新たなビジネスへ繋げるプレゼンタイムでもあるのです。

独身貴族だからいつも外食可能なのかも知れませんが、**常に仲間を気遣い、労《ねぎら》い、向上心があるから**こそ成せる行為でもあります。

■全世代を把握する

今田さんは劇場の楽屋でも常に情報収集を欠かしません。

楽屋内だけではなく、ロビーや舞台袖などで他の人達が話をしていると、「どした?」と会話に入って来ます。この好奇心が対応力に繋がっているのです。

仕事仲間との信頼関係を構築するにはまずは相手を知る事、そして互いに情報交換をする事。これを今田さんは現場に、そして飲食店に居る限りやっているのです。

例えば10代なら原宿文化。若者が集う場所のイメージがありますよね。あくまでも私のイメージですが20代なら渋谷、新宿。30代は西麻布、六本木。40代は赤坂、50代は銀座と、年齢と共に遊び場が変化するように、各世代についてそれぞれ情報収集する。

その結果、今田さんは各世代とお話が出来てしまうのです。

人付き合いとネタ作り

今田さんは長期休暇の際は後輩を連れて海外旅行に行きます。これはただのリフレッシュだけではなく、そうすることで後輩芸人のプライベートネタや面白エピソードも拾えます。それが今後ネタとして披露出来るため、まさに一石二鳥にも三鳥にもなるんです。

ココマネ！

プライベートでも様々な職種の人と会う事は可能です。決して無理の無い程度に人脈を広げ、対応スキルを上げていけるのです。

■人脈とチャンスを提供

今田さんと過ごすと、会えなかった大物有名人や食べられなかった高級料理に出会え、ＶＩＰが集う場所を体験出来ます。

番組関係者との一席では、テレビ番組への出演やオーディションに呼ばれるチャンスが広がります。例えば「今田さんオススメ芸人」という枠で仕事が増える可能性も出ます。サバンナ高橋君や月亭八光《つきていはちみつ》君などもそうなんです。

人脈が広がるとプレゼン相手の年齢に関係なく、幅広く対応する力を身に付ける事が出来るようになるのです。

■ゴシップネタ収集

ゴシップ好きの今田さんのために、食事に誘われた若手はつまみになるようなネタを拾って来ます。メディア、ＳＮＳ、楽屋話までアンテナを張り、それを披露します。

これにより若手たちも情報通になると同時にトーク術も学べる上、実際に番組でトークする時のリハーサルにもなるのです。しかもレッスン料は無料プラス食事付きです（笑）。

ココマネ！

プレゼン相手が興味のある事を拾う作業。これが貴方のプレゼン筋力やコミュニケーション能力に繋がります。

■幅広い層にハマるサービス精神

明るい人にはサービス精神が宿ります。どんな現場でもどんなポジションでも今田さんはお喋りや人を楽しませる事をサボりません。

それにより人を喜ばせ、感謝され、更に自分の好きな笑いだけを追求せずに、お客さんの趣味や制作の意図に合わせられる順応性が勝手に培われていくのです。

ココマネ！

楽しんでいるうちに『生きがい』や『やりがい』へと変わります。その結果もっと努力するようになるのです。そうすると仕事も増え、貴方の喜びに結びつくのです。働く事が楽しくなれば人生も潤うのです。

【結論】

対応力はプレゼン中（実践）でも身につけられますが、普段の生活から学ばなくてはいけません。

だからこそ、日常生活の中で多種多様な人とコミュニケーションを取り、多くの経験を積む事で対応力は更に強化されていきます。

打席に立った数が経験値のアップに比例するように、人に接した分だけ対応力が身についていくのです。チャンスに気が付き難い方は動けば良いのです。チャンスは動けば、向こうからやって来ます。

✣ヒデのスタンス✣

幅広い世代に対応するには、正しい日本語、正しい敬語、そして親しみのある言葉などをしっかりと理解し、使えるようにしなければなりません。

例えば、歳上の方なら失礼のない接し方と敬語を使用し、更に許される範囲内で懐に入る方法も必要となります。

歳下の方や後輩諸君の場合は、彼等が親しみやすいような話し方や慕われるような立ち振る舞いに気を配るようにしています。

お子さん達が相手なら理解しやすい言葉に変換します。話が伝わらなかったら意味がありませんし、理解されなかったらプロとして失格です。

逆にご年配の方ならゆっくり、はっきり、そして少し大きな声で話すなど、状況により使い分けるよう心掛けています。

全ては相手や状況、そして場の空気を読んで、その時に最も相応しい言葉遣いと伝え方を選択します。

そして全世代に共通する対応としては、明るい表情と笑顔、そしてポジティブシンキング。ネガティブな発想はマイナスの結果を引き寄せやすくなります。失敗やミスを犯したとしてもポジティブな発想とプラス思考を心掛けています。

その時に忘れてはいけないのが、ハードルを下げるという作業です。

例えば、こういう話し方をする人って、身近にいませんか？

「ねえねえ、すごく面白い話があるんだけど……」でお話を始める人。私は常々思うのです。なぜ自らハードルを上げるのか……まったく理解出来ません。

大風呂敷を広げることも時には必要ですが、わざわざ構えられてしまうようなトークの入り方はしない方が賢明です。

プレゼンで上げるのはハードルではなく、プレゼン相手の『気持ち』ですから、どうぞお気をつけ下さい。

第三章　独特なツッコミワードで令和一売れた芸人・ノブさんに学ぶ真心プレゼン術

プレゼン技術（テクニック）はいくらでも成長できます。そして、そこに熱意や熱量などの心（ハート）が込められていれば、更に勝利の確率は上がっていきます。

つまり、**心があるかどうかでプレゼン相手の心に響く度合が圧倒的に変わる**のです。

例えば、貴方の会社と他社による決戦プレゼンとなったとします。

両社ともに魅力的なプレゼンだった場合、プレゼン相手は何で判断するのでしょうか。

そうです！　**最終的な判断は、やはり『心』**なのです。どれだけ心が込められているかの勝負。結局のところ、**人を動かすのは心**だという事です。

この章では、目では確認出来ない『心の温度＝情熱』を伝えるテクニックを紹介していきたいと思います。

心の内を是非見て欲しい。その時の**表現の1つが『笑顔』**です。

心の距離が縮まりますし、笑顔はタダです。更に、**笑顔は使い放題**です。

これは実体験ですから心底からお伝えしますが、**仏頂面や緊張から強張った状態で**

プレゼンはダメ！

『目の前の他人は貴方を映す鏡』ですから、貴方の表情や心はプレゼン相手だけではなく、その場に居るチームの仲間達にも伝染していきます。

無理にでも笑ってみる。

口角を上げて笑顔にしてみる。

そんな単純な事で、何故か自然と心に余裕が生まれてきて、喋りも滑らかになっていくのです。

だから巷《ちまた》には笑顔を教えるセミナーが実際にあるのです。受講料を払ってでも『笑顔の作り方』を学びたい、という人も少なくはないのです。

『笑うプレゼンには福が来る』なのです。

■「笑顔＝楽しい」を忘れない

貴方が買い物に行った先での店員さんの対応で考えれば分かりやすいと思います。

だって『笑顔＝楽しい』ですから、客側も顔が優しく緩むだけでなく、心がリラックス状態になり、財布の紐《ひも》も緩くなっていくのです。

では、どういった事で貴方の思いは伝わるのでしょうか。答えは簡単なのですが、いかんせん目には見えませんから、そんな事を自然とやり続けている芸人さんからテクニックを学んでいきましょう。

その代表格として**全国に名を知らしめた芸人が何を隠そう【千鳥・ノブ】**

さんです。

【ノブ君の特徴】

■ショートワード

ツッコミの際に**長いワードは使用せず、大抵が一言で処理をするエコなスタイル**なのですが、これが同じツッコミ芸人として見ても、技術的に大変難しい事をサラッとやっていると言えるのです。

それを難なくこなすノブ君の凄さは、レギュラー本数が物語っています。

ココマネ！

言葉、説明は極力簡潔にまとめる。

■大事なのは柔らかさ

ノブ君の口調はとても柔らかいものです。これとは逆にブラックマヨネーズの小杉君は強くて通るツッコミですよね。非常に目立つのですが、プレゼンの場合には威圧感を与えてしまう可能性があります。攻撃的なのはアイディアだけにして、**口調や態度には攻撃性を持たせない事が大切**です。

ココマネ！

プレゼン相手の心や耳を塞いでしまうような強めの言動は避けましょう。重要なのは強い意志であって強い口調ではありません。

■ 距離感

ノブ君のツッコミのワードは、不思議とその一言で距離感がグッと縮まり、不思議と親しみが湧いてくるものなのです。

実はノブ君、デビュー当時は緊張からなのか、ナメられたくない一心なのか、今とは真逆のスタイルで、大変尖っていて、常に顔が強張っていた印象があります。そんな状況では笑いを取る事は出来ません。

ところが、**自分自身（貴方）が笑顔になると、目の前のお客さんに伝染し、とても笑いやすく、やりやすい環境になる**んです。

事実、自分が笑うことによって目の前のお客さんを笑顔にする手法があるのです。

これを使っている芸人さんって結構多いんですよね。

「若い頃、めちゃくちゃ尖っていたのに」って芸人さんも結構多いです。そう考えると、みんなデビュー当時とだいぶ変わりましたね（笑）。

かく言う私も、デビュー当時に思いっきり勘違いしていた一人でした（苦笑）。


ココマネ！

常に笑顔を心がける。それにより自分もプレゼン相手もリラックス出来る。スマイルは無料です。

【ノブ君のエピソード】

大阪から東京に出てきて勝負するも、思っていたような結果が出ない千鳥。

その中で戴いた仕事が関東ローカル・テレ玉（テレビ埼玉）の『いろはに千鳥』という30分の番組でした。

千鳥の名前が入った冠番組ではありますが、1日8本撮りという過酷なロケ番組に千鳥もさぞ驚いた事でしょう。

元々、千鳥は大阪の若手時代からロケには定評のあるコンビではありましたが、流石にこのスケジュールでは体力的にも精神的にもキツイでしょうね。

それでも、当時の千鳥には他に大きな仕事のオファーがなかったため、ロケ中にガーと文句を言いながらも、結局は8本撮りでも終始笑いの絶えないロケをし続けた結果、番組は大評判になりました。つまり、この過酷なスケジュールが功を奏したのです。

先程から申し上げている通り、その辛さからロケ中に本音トークがボロボロと出るわ出るわ。この不満が面白おかしいのです。

更にその愚痴や苛立ちが標準語ではなく、関東人には聞き慣れない『岡山弁』なので、何故か文句も可愛らしく聞こえ、逆に『ボケ』にも聞こえてきて大いに笑える訳です。

そもそも関西弁が頻繁に飛び交うお笑い業界ですから、視聴者にとって岡山弁がとても新鮮に聞こえるのは頷けますよね。

ココマネ！

あくまでもこれはプレゼンの準備段階での事ですが、キツイ時こそ敢えて声を出す。そして不満も溜めずに口にする。ただし、その言い方は考えて発言しないと思いもよらぬ衝突を招くことがありますので、お気をつけ下さい。

■笑顔を心がける

大悟君はいつも無愛想にしているイメージがあり、逆にノブ君はいつもニコニコしているイメージがありませんか？　実際には、大悟君も笑っているのに、その笑顔が印象として残っていないのです。何故ならノブ君が終始ニコニコしているのと、顔立ちがタレ目なため、いつも笑っているように映るのです。

ココマネ！

ただ口角を上げるだけ。これに身振り手振りも入れたら完璧です。動かせる箇所は全て動かすという事を心がけてみましょう。プレゼン相手やお客様ありきの仕事では、笑顔が広がるとプレゼンしやすい環境になるだけではなく、相手が心を許しやすくなります。良い事だらけなのです。

2人の痛快なやり取りは長く過酷なロケ時間を共有する事でパターン化に成功。結果、業界内で評判となり全国的な芸人となりました。

ココマネ！

パートナー、仲間との時間・空間の共有。その時間の長さと意思の疎通は比例します。

■独特の観点と短いワードで喩える

ノブ君は視聴者よりも相方の大悟君を笑わせたいという気持ちが強いように見えま

す。

それが独特でコアなセンスを感じる理由になります。何せ、プロがプロを笑わせる。それも一番長く連れ添っている相方ですから、直球の笑いだけでは打ち取る事は出来ません。だから必要以上に工夫を凝らす。それ故にスタッフにも視聴者にも新鮮に映るんです。

ココマネ！

プレゼンをするにあたり、幅広くアピールすることも大切ですが、ターゲットを絞り込むと迷いがなくなります。

■テンポ

ノブ君のツッコミが短いのは相方にさえ伝われば良いという、本来は間違った（お客さん無視の状態＝身内笑い）スタンスがあるからなのです。

つまり『ツーカーの仲』なので、余計な事を言わなくても大悟君には伝わるという事なのです。

これによって2人のやり取りは小気味良くなるので、観ていても気持ちの良いテンポになっているのです。

ココマネ！

短いワードを選択して、プレゼンのリズムを作る。テンポが上がれば、より細かい説明が可能になる。

■マッチング能力の高さ

ボヤキや嘆きに近いツッコミが母性本能をくすぐるので『守備的なツッコミ』のノブ君にくらべ、タカ&トシのトシ君の場合は、鋭さや強さが売りのある意味『攻撃的なツッコミ』ですから、どちらかと言えば男性相手のプレゼンに向いているようにも思えます。

ノブ君は相手が男か女かの違いによって、スタンスやスタイル（言い回し・言い方などのアプローチ）を器用に変えています。

ココマネ！

相手に合わせた言葉遣いだけではなく、相手が理解しやすい喩えを用いる。

自分らしさ

等身大の自分達が作る笑いを信じ続ける。それを貫き通すのは至難の業ではありますが、そうする事によって、最終的に面白い者には必ずチャンスは巡ってくるのだと、大阪の後輩達は千鳥のお二人の背中を見てそう思いました。

例えば、そんな後輩芸人には【かまいたち】のお二人が居ます。彼等も遂に全国的なタレントになりました。

どんなに実力があったとしても、**売れるチャンスというものは、人間的に可愛がられている芸人に、多く巡ってくる**ものなのです。

後輩達は先輩と行動を共にし、食事をご馳走してもらい、芸や話術のテクニックを盗み、礼節を学び、チャンスを待つのです。

ココマネ！

堂々とプレゼンする事。必ずや貴方の努力を誰かが見てくれているのです。逆に言えば、貴方の行動は誰かに見られているので言動には充分気をつけましょう。

■郷土愛は重要な武器です

番組スタッフやMCの中には当然のように地方出身者が多く存在しています。その中には自分と地元が一緒という方も居るかも知れません。それは大きなチャンスです。

そのため、出身地の方言を変えずに勝負する芸人や出身地をネタに取り込むといった芸人が増えました。千鳥以外にも多くの【方言活かし芸人】がいるのは、これが要因の1つだと考えられます。

郷土愛を前面に出せば、番組関係者や視聴者に好感を持たれるだけでなく、記憶にも残りやすいのです。

ココマネ！

地方出身者の郷土愛は武器。ですから決して無理せず、自分なりのスタンスを見つけてやってみましょう。

■コンパクトにインパクト

ノブ君は余計な事はしません。それは相方の大悟君の仕事だからです。そこで生まれたのが、大悟君のボケを泳がせて一言、『クセが凄い！』で落とすテクニックです。これは**非常に効率的で燃費の良さを感じます**。

車もツッコミもエコの時代なのです(笑)。この短さが視聴者の耳に残るんです。

他にも「欧米か！」「今でしょ！」などもそうです。やはりずっと記憶に残っている**インパクトワードですし、今も使えるコンパクトワード**なのです。

ここで注意したいのは、若手芸人にありがちな失敗なのですが、一言や一発ギャグで良いのに奇をてらい時間を掛けて大怪我する場合があることです(笑)。

ココマネ！

時間を掛けるとその分リスクが高まります。強烈な印象点を残してサッと切り上げる方が効果大です。そのために貴方ならではのキラーワードを作りましょう。
例えば「任せて下さい！」「絶対にオススメです！」など、日常普通に使用する言葉でも、普段から連呼して貴方のものにしてしまえば良いのです。それで貴方流のプレゼンのリズムが生まれますから。

【長々とした説明のデメリット】

①雑念を抱かせる

長い説明の間にプレゼン相手の心に迷いが生じ、その結果、判定を決めかねるハメになります。

②要点がぼやける

結局、何が言いたいか分からなくなる。プレゼンが下手と思われます。

③2度目のアポを遠ざける

極端な話、今後のアポが取れず、業績が上がらず、上司の信頼を失い、給料が……と負のスパイラルを招きます。

ココマネ！

簡潔な言葉で、巧みに導き、決断を促し、決定させる。『時は金なり』、時間を掛けると客の心とお金が離れていきます。

【結論】

人の心が人を動かす……これが『真心』なんですよね。

どんなに優れたコンピュータやＡＩですら、この分野だけは人間に勝る事は絶対にないと私は信じています。ただし、コンピュータは日々アップデートをしていく訳ですから、人間も努力を惜しまず、少しずつ成長していきたいですよね。

会社に履いていく革靴を磨く事も大切ですが、心を磨く『真の自分磨き』の作業の方が大切です。

心を磨く作業の1つとして、一番簡単なのは『貴方自身の過去を振り返る』事です。例えば地元（出身地）に帰ったり、同窓会などで昔の友人と会ったり、母校までの通学路を歩いてみたり、初めて一人暮らしをしたアパートを訪ねてみたり、そして親孝行してみたり。

そうすれば自ずと心が磨かれていくものなんです。精神論のように思われるかも知れませんが、是非やってみて下さい。

そして磨いた『真心』を、真っ直ぐに相手に伝えることを考えましょう。『真心』はきっと相手の心を動かすことでしょう。

❖ ヒデのスタンス ❖

一度コメントを作ったら、それを元にして、可能な限り、同じ意味になる短い言葉に置き換えて練り直します。その作業を繰り返して、**最も簡潔で、インパクトのある文言**に仕上げます。

そこに必ず、**自分の言葉かどうかの確認を怠らない事が大切**。これこそが『**向上心**』なのです。

喩えを用いる時は得意なスポーツや家電、アウトドア用語などを多く使用しています。繰り返し使う事によってパワーワードにもなりますし、それがパターン化する事で、饒舌《じょうぜつ》なプレゼンが確立出来ます。

こういう喩えで『**遊び心**』を表現したいのです。

そして大切な『心』の部分ですが、私の場合は大学卒業まで『**礼儀心**』を持って続けたサッカーです。やり続けたことで『**克己心**』が鍛えられました。
仲間達と厳しい部活動の練習に耐えたことが全国優勝というご褒美に繋がりました。あの時、苦しくても逃げなかったから得た結果なんです。そこには『**団結心**』がありました。

そしてお笑いの世界に入っても、人前でも動じない『**平常心**』は、あの国立競技場という大舞台を経験しているからなのです。

大変な過去があったからこそ、今の苦しい状況でも顔を上げて歩けています。
そして必ず花を咲かすという『**野心**』と『**功名心**』があります。

若い頃の苦労はプレゼンにおいても大いに役立ちます。エピソードトークだけではなく、肉体的にも精神的にも乗り越えられる力が自然と身についています。やはり**全ての事柄を意識してみると、そこに『心』があります。**

第四章　同業者の評価が最も高い、郷土愛の塊・博多大吉さんに学ぶ冷静自然体プレゼン術

プレゼンは相手に好かれるためだけの地味な作業の連続。媚《こ》びてでも、プライドを捨ててでも勝てば官軍、負ければ地獄……それくらいの覚悟を持っている方もいらっしゃるでしょう。

プレゼン当日まではとにかく我慢の日々ですが、その困難を乗り越えれば、やがて花が咲き実となる……そう信じて耐えているのではないでしょうか。

準備段階から本番終了まで、気が抜けない状況の中で、当日まで緊張感に襲われてしまうと大惨事になる事があります。

いい意味での緊張感は良い結果を生むことがありますが、**気負い過ぎてはダメ**です。

貴方の緊張は仲間に伝染し、プレゼンルーム全体が緊張に包まれてしまったら元も子もないのです。そうなってしまうと、完全にアウェー状態です。


精神論になってしまいますが、決して難しい事ではありませんので、どうぞこのまま『自然体』でお読み下さい。要は気の持ちようっていうくらいのレベルの話です。

というのも、ここまでは攻めのプレゼンをご紹介して参りましたが、この章では自分の空気感を自然と作りながら、プレゼン相手の興味を上手く貴方に向ける方法です。

まさに**『柔よく剛を制す』**です。**自然体で勝ちにいくプレゼン**を学んでいきましょう。


自分のやりやすい空気を作るには2種類の方法があります。

1つは、力強く染めていく方法。

例えば【明石家さんま】さんがそうですね。

さんまさんはとにかく最初から最後まで全速力で走り抜けていく先行逃げ切りタイプで、終始ぶっちぎりの1着馬のようなものです。

そしてもう1つは自然に染めていくというか、相手に溶け込ませていく方法です。

流れを読み切り、流れを止める事なく、自分の色を出しながらも、相手に合わせていく。

スタートから決して慌てる事なく、ペース配分を見ながら、最後に差す。

テクニックや経験があるからこそ成せる業なのです。

後者に関しては、ただ自由にとか、好き勝手にやっているという訳ではありません。

あくまでも相手の要求に応えつつも、自分自身の歩幅は乱さないのです。

他の人に追い越されようが、ゴールは一緒と考え決して焦る事も、流される事もない。

あくまでも**自分のペースで自然体でコトを運ぶスタンス**なのです。

では芸人の中で、恐らくほぼそのまま、**100%に近い自然体で仕事をこなしている方**をご紹介しましょう。

その芸人さんこそが**【博多大吉】さん**です。

まるで**森の住人のようなナチュラルな方**です。

大吉さん（華丸さんも）は地元福岡では知らぬ者はいないという、売れっ子のスターでした。

どちらもイケメンなんですが、濃い顔の華丸さんと見た目が真逆の大吉さん。

同じハンサムでも大吉さんはスマートで涼しいお顔立ちですよね。

声も穏やかな方ですが、実は古き良き縦社会を生き抜き、礼節を重んじているため、後輩達からは兄のように慕われ、先輩達には一目置かれる存在です。

東京に進出してからも全くそのスタイルを変える事はなく、コッテリの博多弁と博多色満載で勝負しました。

千鳥のノブ君同様、**地元愛を存分にアピール**しました。だから地元の人にも愛され続け、更に新たなファンも取り入れる事が出来ました。

MCも雛壇もこなせる天性の才能に恵まれていますが、デリケートな部分もあります。それでいて男気もある……遅かれ早かれ売れるに決まっていた芸人さんなのです。

直ぐに深夜番組で頭角を現し、独特な切り口、穏やかな方言口調、甘いマスク、そして何よりも類《たぐ》い稀《まれ》なセンスで、博多の貴公子は全国区のタレントになりました。

【大吉さんのエピソード】

■おもてなし精神

僕がまだ若手だった頃は、博多に行ったら必ず大吉さんに飲みに連れて行ってもらっていました。

中洲でタクシーを降りると直ぐに周囲の人に気づかれて人だかりが出来る程の人気者なのに、毎回新規のお店を3軒くらいハシゴで連れて行ってくれました。

大吉さんはご自分が翌朝が早かろうが、お構いなしで僕に付き合ってくれます。

どんなに年月が経っても、この御恩を忘れる事はありません。恐らく、大吉さんに対して僕のように思っている芸人はかなりいる事でしょう。

ココマネ！

尽くす心。おもてなし精神でプレゼンに臨みましょう。相手を喜ばせたい一心で、自分の利益よりも相手を第一に考える事で成功へと繋がります。

■ オンオフがない

新宿の劇場の楽屋、僕は大吉さんの横に居る事が殆どです。大吉さんは、それ程広くない畳の楽屋に座り、ずっとポータブルゲームをしています。

黙々とゲームに没頭し、出番の10分前になるとゲームをストップして漫才用のスーツに着替え始めます。着替え終わると再び座ってゲームを始めます。前のネタ組が終わるとゲームを置いて、革靴を履き、そのまま舞台へ上がり漫才を始めます。

そして10分後。漫才を終えた大吉さんは楽屋に戻るとスーツから普段着に着替え、畳に座ると再びゲームを始めます。

劇場は3回公演のため、3回目のネタが始まる直前までこの行為は繰り返されます。途中、お昼に出前を頼むくらいで、あとはじっと同じ所に座ってゲームを続けます。

楽屋でお過ごしの時、ゲームプレイ中、そして漫才中の時も大吉さんは全く表情を変える事がなく一緒です。

しかし**決してドライじゃないんです。クールなんです。**とにかく**自然体**なんです。**決して無理しないスタンス**なので失敗する事がないのです。

> **ココマネ！**
>
> **自然体で心は飾らない。世の中の流行には敏感でも決して流されてはダメ。あっちこっちフラフラと考えを変えていたら信用されません。**

■耳あたりの良さ

自然体の大吉さんは普段から声を張ったりしません。漫才中にも荒々しいツッコミや汚い言葉遣いもありません。

声も決して大きくはありませんが、とても聞きやすく、落ち着いた印象があり、丁寧かつ誠実さを感じます。

更に**方言には温かみがあります**。それは千鳥のノブ君と一緒です。

言葉遣いに気をつけるのは社会人として当然です。そこに**気持ち（＝心）を込めるな**

ら、自分の言葉で話す事により熱意は伝わりやすくなります。

ココマネ！

嘘をつかず本音で語る。無理をせず等身大で業務にあたる。これが後々に効いてくるのです。

■無理をしない

相方の華丸さんは地元福岡の店を紹介するグルメ本を出版している程の博多推し芸人さんです。

一方、華丸さんと比べると大吉さんはそこまでの博多推しではないのです。「私より明太子が好きな人はいる」とか「別に毎日食べている訳じゃない」など、正直に仰っています。

この辺りもビジュアルだけではなく、多岐にわたりコンビバランスが良いと言えます。

そんな大吉さんが「ここは本当に美味しいと思ったんよ」や「これなら毎日食べられると」と言って連れて行ってくれるのです。そりゃ間違いないと思いますよね。

ココマネ！

1つ前の本音が効いて、信憑性が増していくのです。変に取り繕う事などせずに自然体の方が説得力が増します。

■無駄な事は口にしない

大吉さんは余計な事は言いません。ＴＰＯに合わせた必要なコメントだけ口にします。この線引きが本当に上手な方なのです。

朝の情報番組やゴールデンタイムでは誰もが理解しやすい言葉を選んでいるので、幅広い層に支持されるのです。それはあたかも記号や標識のようなレベルです。

逆に若者がターゲットの番組や深夜番組では若者ウケの喩えやコアな言葉を選びます。だからどの時間帯の番組でも安心して呼ばれるのです。

例えば明太子を食べたらシンプルに「美味しい」と伝えます。

変に面白い事や奇をてらった事などは言いません。それは制作サイドが余計なコメントを求めていないからなのです。

ココマネ！

余計な事は言わない。求められている事を言う。プレゼンの世界でも相手が知りたい事、興味がある事だけを伝える事が大事です。

■ゴリ押ししない

相手を尊重し、譲る精神が強い大吉さんですが、ただ譲るばかりではなく、ココという場面では周囲の会話のスキを突いてコメントを差し込んできます。このタイミングの良さも秀逸です。

ただ相手を立てるだけで控え目な性格では世に出られませんから、やはりテクニシャンと言えますよね。

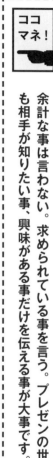

ココマネ！

少し下がった位置のスタンスが逆に他との差別化を生み、勝利に近づく事もあります。

この物静かなスタンスが美徳と捉える人も多く居ます。

協力してみようかなと、プレゼン相手側が思えば勝ち。押し引きを上手に活用して下さい。

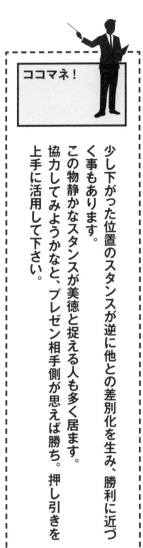

【結論】

最後に誤解のないよう、これだけはお伝えしておきますが、大吉さんもお笑いに対して熱い気持ちを持っておられます。

どの世界でも情熱を持たぬ者は成功しません。

1年目であろうがベテランであろうが、お笑い芸人として舞台に立つ者の誰もが、情熱と愛を持って挑んでいます。

自然体で仕事が出来たらこれに越した事はないのですが、なかなかそうもいきませんよね。

それでも**極力自然体でいるためには、普段から人に尽くし、行動をしていなくてはならない**のです。

要は、「彼は普段、人のためにこれだけ尽くしているのだから、マイペース(自然体)で自由にやらしてやろう」と、上司やチームスタッフ内から先ずはそう思われなければなりません。それを怠ると、ただのワガママと思われてしまいますので、ご注意下さい！

❖ヒデのスタンス❖

プレゼンでは必ず本音を言うように心掛けています。

嘘は絶対にバレます。もし適当な情報を口にし、それを調べられたらアウト！

だから、**正直に、そして誠実さを忘れずに**プレゼンすることを心掛けています。

通販番組内でも嘘偽りなく堂々と、高い物は高い、見た目がショボければショボイ、と口にします。勿論、企業様が社運を賭けて作った製品を、全国ネットで貶《けな》しっぱなしで終わるようなことはしません。実際に製品としては本当に良いものではあるのです。

ただ、平均的な金銭感覚や美的感覚を持ち続ける事が大切だと考えています。それを忘れてしまったら、人に物を勧める者として説得力に欠けてしまうからです。

本質を見失ってしまったら誰も耳を傾けてくれなくなります。

一個人として、一消費者として、自分で目で見て思った事は情報として口にするのが、最低限のサービスだと考えています。

そして**【誠実さとは最短で信頼を勝ち取る方法】**だと私は思います。

繰り返しますが、製品をディスって終わり、という事は決してしません。

必ず、それ以上に製品の素晴らしさを声を大にしてプレゼンするよう徹底しております。

プレゼンの場合は外部(外野)の意見は気にせず、あくまでも普段から内部(身内)には自身の考えをしっかりと伝え、同時に同僚や部下からの意見や改善点に耳を傾け、問題箇所を指摘されたならば、真摯に受け入れて、より良いものにしていく。

これにより、貴方にも会社にもそしてプレゼンにも誠実さと信頼性が自然と生まれてくるのです。

嘘は貴方自身の首を絞める事になりますので絶対に止めましょう。

第五章　全体像を見据え、全てを把握する日本一のMC・浜田雅功《まさとし》さんに学ぶ全方位俯瞰術

プレゼンには『**大胆さと慎重さ**』という相反する要素が求められます。要するに『**メリハリ**』**が肝心**なのです。

そのメリハリを自在にコントロール出来れば、どんなやり辛い環境や不利な状況でも、貴方のやりやすい空気と温かい空間での自由なプレゼンが可能になります。

そして、決して臆する事なく堂々とプレゼンすれば良いのです。**プレゼン中の主役は貴方**です。良い意味でのエゴイストにならなければ成功は遠ざかってしまいます。

ここで注意しなければいけないのは、**ただのエゴイストではダメ**だという事。それでは仲間と衝突するばかりとなり、少しずつ溝が深まり、最終的には貴方だけが孤立してしまう可能性もあるからです。

そうならないように、この章では適度なエゴイズムについてお話しして参ります。

エゴイストと聞くと、いわゆるオラオラ系で何も考えずに勢いで突き進む身勝手な人というイメージをお持ちの方もいるかも知れませんが、決してそうではありません。

プレゼンで必要なエゴイズムは言わば『責任感』のようなものです。

貴方が中心となり、プレゼンが終わるその時まで、細部にわたり気を配り、必ず勝ちにいくという強い意志を持ち続けなければなりません。

それは本当に些細な事の積み重ねなのですが、これをやるとやらないでは大きな差が生まれます。

プレゼンは『気配りだけではなく目配り』も重要です。

そして俯瞰で全体像を捉えて、全てを把握し、知り抜く力も必要なのです。

例えば、プレゼン本番中にモニターや資料にばかり目を向けているようではダメ。しっかりとプレゼン相手を見据えてプレゼンする余裕が欲しいのです。

更に**仲間の動向も把握し、常に周囲を見回し続ける**。これを怠るとチャンスにもミスにも気がつかない可能性が出て来てしまうのです。
そこでしっかりと目を配れるプレゼンターを目指していきましょう。

実際にこの**『気配り&目配り』が出来る人は確実に信頼度が上がります**。

例えば、目上の方は礼節を重んじる傾向が高いです。そもそも礼節の無い人間は言語道断であり、どんな世界でも信頼されません。友達同士ではありませんし、遊び場や飲み屋で顔を合わせている訳ではありません。あくまでもビジネスの場(戦場)で対峙しているのですから、今更ではありますが言葉遣いにはとにかく気をつけましょう。

芸能界でも、明らかに歳上の方に対して、初対面にもかかわらず平然とタメ口かつ失礼な発言をする人がいます。そこに違和感を覚えるのは、そのタメ口を使う人物から敬意というものが感じられないからなのです。

逆に歳下の方や部下の方々には親しみやすさと、彼等のやる気や闘志に火をつけるような言動を心掛けましょう。

少し間違えるとパワハラと取られる事がある時代ですが、それは関係性によるものだと思っています。

「面倒を避けたいのでコミュニケーションは取らない」では勿体ないですし、マイナス思考では何も生まれません。普段から気をつけていれば良いだけの事ですから、まずは言動を意識する事が大切です。

貴方も周囲も、そしてプレゼン相手も、全員が気持ちよく仕事が出来ていて全員が納得する形を築いていきましょう。

そのために大切なのは、**どんな相手にでも、歳上でも歳下でも家族でも、きちんと敬意を持って接する**という事です。この心構えがあるかないかが重要なのです。

ここまでを踏まえると、**プレゼンで成功するには、備わっている実力に加え、日々の努力、そこに貴方ならではの感性と、人としての細やかな配慮を融合させる事が大切**です。これにより最強の勝ち癖プレゼンターとなるのです。

さて、その絶妙なエゴイズムで全ての進行を任せられ、俯瞰的な見方を常にしつつ、誰もを安心させる方から学んでいきましょう。

どんな企画でも面白くなるような空気・空間を創ってしまう芸人界トップの方とはそう、天下の【ダウンタウン・浜田雅功】さんです。

この方も説明不要、**お笑い界の頂点に君臨する、誰もが認める日本一のツッコミ**です。

浜田さんの功績の1つとして、ツッコミの地位向上に努められた事をここで挙げておきます。ツッコミ芸人がピンで仕事を持てるようになったのも浜田さんの功績が大きいのです。

【浜田さんの凄さ】

■ 感覚の鋭さ

皆さん、何かで目にしたり耳にした事があるか分かりませんが、業界内では浜田さんの番組は収録時間を超える事がほぼないという噂ですが、この噂……本当です。

これは浜田さんが**時間配分を絶妙にコントロール**しているからです。

そして、時間厳守よりも凄いのは、一番笑いが多く起きる箇所（面白い所）でピッタリのツッコミを入れる……その嗅覚が日本一なんです。

> **ココマネ！**
>
> **常に時間を気にする。遅刻などもっての外。プレゼン時間内で終わらせる事は必須。時間にルーズな人間は全く信用されません。**

■強さとは優しさ

シャイな浜田さんご本人としては、プライベートを話されるのは苦手だと理解しておりますが、失礼を承知で敢えて言わせて頂きます。

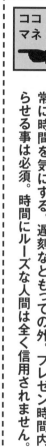

先ず浜田さんは僕が知る限りお笑い界で【3本の指に入る人格者】です。

とにかく優しくていつも気を遣ってくれます。激しいツッコミのイメージとは裏腹に、普段はとても穏やかで、いつも笑顔で若手達の話を楽しそうに聞いてくれます。そんなには面白くないであろう話も声を出して笑ってくれます。だから浜田さんの前では皆が饒舌になります。

つまりテレビを見た時に、浜田さんと共演している若手が緊張しているように見えたら、それは浜田さんにではなく、テレビに対して緊張しているのです。

ココマネ！

部下ともしっかりとコミュニケーションを取り、発言権を与える。一部の政治家の先生方にも見習って欲しいです。

『ダウンタウンDX』（日本テレビ系）という番組では、浜田さんが大物ゲストの頭を叩いたり、呼び捨てしていているシーンが、頻繁に放送されています。

常識的に許されないような行為なのに浜田さんだけは許されてしまいます。

ちなみに同じ事を若手がやったら……恐ろしくて書けません（笑）。

では何故、他の芸人はダメなのに浜田さんだけは許されるのでしょうか？

それは収録前から収録後まで、常に目上の方には寄り添ってお話を促し、**アテンドや気遣いを惜しむ事がない**からなのです。

収録前、セット裏に大御所ゲストが来たらキチンとご挨拶をして、椅子にアテンドし、その横に座ってお話を聞く。勿論、その時は敬語ですからね！

実は大御所だけじゃなく、若手や他の出演者にもちゃんと「自分ら座りや」と、浜田さんは優しく声を掛けてくれるのです。

収録中にＶＴＲを見ている時は敬語なんですが、それが終わってスタジオに戻ると再び平然とツッコミを入れる。このオンオフが完璧なんです。

そして収録後は直ぐにご挨拶に行く。

だから、大御所や大物がゲスト出演してくれるだけではなく、ツッコんだり呼び捨てしたりしても誰一人として怒る事もなく揉める事もなく、何なら皆さんニコニコ笑っているのです。ツッコまれた大物の好感度は間違いなく上がりますし、大爆笑を集めたことに気を良くして、再びゲストとして来てしまうのです。

ココマネ！

プレゼン相手が歳上ばかりの事があります。その中で気に入られるためにはその人に、そしてその企業に寄り添う事なんです。

『ジャンクＳＰＯＲＴＳ』（フジテレビ系）という番組の収録合間の休憩中、浜田さんは制作陣と打ち合わせを怠らずやられています。

無論、収録後も反省会や次回の打ち合わせをしていらっしゃる姿にプロ意識の高さと、仕事に対する真摯な姿勢を垣間見て、心から頭が下がるばかりです。トップを極めた方が、才能だけではなく今も尚、努力を続けている……そりゃ浜田さんに勝てませんよね。

ココマネ！

責任感は信頼感に繋がり、それがやがて達成感に結びつくのです。

■全ての流れを把握する

事前打ち合わせに時間を掛けて、全てを把握し、本番中は俯瞰でスタジオ全体を見渡し、人の言動、目の動き、流れまでを読み取る。

浜田さんが若手の頃に「天才・松本人志を活かすための努力は全てやる」、こう仰っていたと人づてに聞いた事があります。僕はこの一言に心から感動しました。

浜田さんは根本にこのお考えがあるからこそ、相方の松本さんだけではなく、全ての面において【尽くす・もてなす】が出来ているのです。

ココマネ！

結果を求めるなら、成功を目指すなら、事前の準備に始まり、最後の最後まで責任感を持って臨む。誰かを活かす事で自分自身も活かされるのです。

■下の名前で呼ぶ

浜田さんは緊張しがちな若手達との距離を縮める手法の1つとして、下の名前で呼びます。

初対面でいきなり浜田さんクラスの方に下の名前で呼ばれたら、舞い上がるくらいに相当嬉しいはずです。そう呼んでもらえると、あたかも長い付き合いのような親近感が生まれます。

その効果から、若手は緊張から多少解き放たれていきますし、安心感を得られます。この何気ない行為で若手達も本領を発揮しやすくなるのです。

とにかく人心掌握術に優れている方なのです。恐らく浜田さんはそれをナチュラルに出来ているのでしょうね。

ココマネ!

プレゼンチームのメンバーとは上手に距離を縮めなければなりません。まずは日常の会話を増やし、コミュニケーションを重ねていきましょう。

■身近な人のような存在感

自由にやらせる所はやらせ、シメる所はしっかりとシメる。これを誰よりも理解している司会者が浜田さんです。

父のような大きさ、母のような細やかさ、兄のような頼りやすさ、姉のような親しみやすさ、弟妹のような可愛らしさ……と、**それぞれの瞬間に家族の誰かに似たような存在感**を醸し出します。

まるで貴方の身近な人に似ているような感覚になるから、どんな人でも温かい存在に感じるのです。

ココマネ!

ある部下の前では兄姉のように、ある者にとっては父母のようで、ある上司の前では弟妹のようになる。これぞ全方位対応です。

■陰で支える

弊社、吉本興業の所属タレントが世間の皆様や関係者の皆様に多大なるご迷惑をおかけした、いわゆる【闇営業】問題の時も、浜田さんは裏で収束に向けて色々とご尽力をされていたのです。

この件に関して多くの先輩方が表立って収束に動いてくれましたので、逆に浜田さんは裏で混乱する芸人達と会社とのパイプ役として、相当量の調整をしてくれました。

この問題が片付いたのも、芸人と吉本、そして何よりもファンの皆さんを大切にする浜田さんを始め、吉本を愛し、芸人を守ってくれる先輩方がいたからこそなんです。

ココマネ！

バランスを考えて、出る所、抑える所、引く所を見極める。引く事によりむしろ、前に出ている人よりも貢献度が増し、目立つ事がある。

■バランス感覚

若手時代から現在までＭＣを務めてきた浜田さん。その経験から出演者全員に対して均等に話を振り、出口を作ってくれます。
自分の話をするよりも他人の話を聞いてくれる事でも、浜田さんはナンバーワンです。

タイミングを冷静に見極める。チーム会議でも参加者全員に発言権を与え、俯瞰で状況を見た上で総意をまとめる。それを踏まえて貴方もしっかりと意見を述べる。

■ブレーキングの微調整

トークをツッコミで終わらせる場合は車のブレーキングのように様々な止め方があります。

貴方も車のブレーキを踏む時、静かに踏むだけではなく、ポンピングブレーキ、エンジンブレーキ、時には急ブレーキ、そして駐停車時にはサイドブレーキと、色々な方法で車をコントロールするように、トークやプレゼンでもその都度、その流れに適した調整が求められます。

ミスターMCの浜田さんはこの微調整が日本一巧みです。

例えば、浜田さんの代名詞のキレキレのツッコミ「やかましいわっ！」みたいなものは急ブレーキに喩えられますよね。

車もトークも走らせ方と止まり方が大事なのです。

ココマネ！

チーム会議では発言権を与えるだけではなく、話の促し方も切り所も見極める。

普段の何気ないウダウダ話、会議中の無駄話、飲み屋でのお喋りの時でもMCのような役をこなしてみる事で回しが巧くなります。

浜田さんは、決して進行台本を無下にしません。これにより下記のような良い事が発生します。

①時間通りに進行する

共演者の中には、この後に別の仕事が入っていたり、プライベートの予定がある人も居ます。

例えばショッピングモールでのロケの場合は、営業時間までに撤収しなければならないなど、店や施設の立場も考慮して決して長引かせたりはしないよう配慮しています。

スタジオ観覧のお客さんが居たら、電車の時間も気にしなくてはなりません。そうするとスタッフを含めて全員が安心して仕事が出来、お客さんも時間を気にせず楽しめるため、全員が得します。誰も損しないのです。

浜田さんは体内時計もかなり正確なのです。

ココマネ！

長いプレゼンは相手も飽きてきますし、最終的に貴方自身の首を絞めるだけです。プレゼンは【短く・濃く・太く・厚く・深く・そして楽しく】。これがベストです。

②スタッフや作家からの信頼が増す

テレビ番組を見る限り、その現場は楽しそうにしか映って見えませんが、裏では大変な作業の連続なのです。

企画会議から始まり、構成会議、予算会議、収録準備、収録先の手配、キャスティング会議、弁当の手配、技術発注、美術発注、車両手配、台本会議、台本制作、台本製本、楽屋準備、メイク衣装手配、タレント現場受け……まだまだ細かい仕事が沢山あります。

そんな時間と人を掛けて作ってきた台本をもし無視されたら……制作サイドは落ち込みますよね。

進行台本を無視せずにやる事で制作サイドとの信頼関係は強まるばかりです。

ココマネ!

チームスタッフの意見はどんな小さな事でも必ず耳を傾け、尊重する。それはスタッフの信頼、やる気にも繋がる。

③編集しやすくなる

結局テレビ番組は、最後は編集で決まります。その際にディレクターは本筋から大きく外れていたり、趣旨にそぐわない内容はカットせざるを得ない時があります。

台本から逸れて盛り上がった時、それはそれで良しとしますが、ただ保険として、大笑いの輪の中に入っていながら、ディレクターのためにさり気なく、冷静に編集点を作っておく浜田さんがいます。

そりゃ長くトップを走り続けられますよね。

ココマネ！

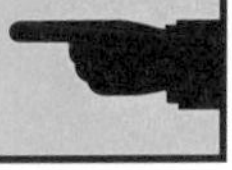

大切なのは流れですが、本当に流されてしまったら遭難します。あくまでも舵《かじ》を切り返せる範囲で流される事。本流を見失ってはいけません。

■ 敬意ある言葉

「ヒデの思うように……」。

これは僕が浜田さんの冠番組で、ＭＣを任された時に浜田さんから言われた魔法の一言です。この言葉を言ってもらった僕は、自分の力以上のものを発揮出来た気がしています。

浜田さんは後輩にも敬意を払っています。

ココマネ！

言葉はタダ！　ガンガン口にしましょう。こんな便利な魔法を使わないのは大損です。

一言の大切さ

浜田さんは収録合間には必ず声をかけてくれます。これにより初めてでも距離が縮まり、絡みやすくなります。

ロケ中は「コーヒー飲むか？」と声を掛けてくれます。こんな気遣いされたら実力以上に頑張れちゃいますよね。

そしてこのコーヒーを飲みながらお話しする事で自然とトークのテクニックが磨かれていきます。

この1杯をただのブレイク（休憩）と取るか、はたまた今後のブレイク（人気上昇）するキッカケにするかは、その時の過ごし方次第です。

ココマネ！

横・縦の関係性を密に繋ぐ魔法の言葉『ね・か・し・つ・け』

労いの言葉
おざなりにせず、1日の終わりには勿論、頑張っている者にはしっかりと伝えましょう。

感謝の言葉
この言葉は何よりも大切です。特に部下など目下の者には多めに使いましょう。

謝罪の言葉
素直に謝ることが出来る大人でいましょう。

繋ぎの言葉
長いプレゼン準備の間、モチベーションを保つための言葉を忘れずに掛けて下さい。一度落ちたチームの士気を再び上げるのは至難の業ですから。

決意の言葉
貴方が言葉で周囲のやる気スイッチを入れて下さい。

団結力

『ダウンタウンファミリー』って聞いた事ありますよね。

今田耕司さん、東野幸治さん、板尾創路《いつじ》さん、ほんこんさん、木村祐一さんなど錚々《そうそう》たるメンバーで作られた芸能界屈指のファミリーです。ファミリーの皆さんは、ダウンタウンさんが東京進出を決めると同時に上京を決意しました。

この結束力と団結心はダウンタウンのお二人が面倒見が良いだけではなく、芸人として超一流のプロフェッショナルだったからこそで、ファミリーの皆さんはダウンタウンさんを信じて、後を追って上京した訳です。

実際に大阪時代から既に東京で戦えるだけの力を身に付けて育った精鋭部隊でもありますからね。

仕事もプライベートも常に一緒に行動してきた皆さん。**阿吽の呼吸はコミュニケーションに掛けた時間に比例する**という事です。

ココマネ！

チームワークがものをいうプレゼンでは言葉でのコミュニケーションが最初の1歩。普段の会話から大切にして下さい。

■言葉の先にアイコンタクト

MCの浜田さんと雛壇の僕。

皆さんが思っている以上に目で会話をしています。

浜田さんから送られて来る「何かあるか?」「次、ヒデいくわ」「もう特にないな?」という目線に対して、「あります」「かしこまりました」「もう厳しいです」などの合図を遠慮なく送らせて頂いてます。いっつもおんぶに抱っこしてもらってます(笑)。

ココマネ!

その域に到達するまでは言葉のコミュニケーションが全てです。その先にアイコンタクトです。

【結論】

成功する人にはちゃんと理由があります。そして成功者は強く優しいものです。貴方が先頭に立ち、後の者が安心して付いて来られるような関係性は普段の振る舞いで培われていきます。

プレゼンに必要なのは、緻密な計算と絶対的な自信と度胸、そして優しさという事です。

❖ ヒデのスタンス ❖

コミュニケーションを取る手段の1つとして、**新しい事に挑戦したり、若い人に教えを乞う事も大切**です。勿論、目上の方にも積極的に話しかけて時間を作ってもらう。そして徹底して付き合ってみるのです。

それにより全世代に対応出来る度胸と実力が手に入ります。浜田さんには到底及びませんが、私も年齢や状況でスタンスを細分化しています。

お話好きの方や相談事は聞き役に徹底します。

それから、**極力笑いますね**。これで相手も心を開きやすくなるし、私も笑っているうちに楽しくなり、自然と笑顔になっています。笑顔はタダで『万国共通』ですからね。

ご立腹の方、不平不満のある方に対しては同調のみします。相手が真面目な話をしている時も余計な事はせずトーンを合わせる。アドバイスを求められたら少しばかりの賢さと、知的な言葉を選択します。これにより信頼度が増すのです。

また、口下手な方やアピールが苦手な方の代わりに、その凄さを説明する事も心掛けています。

逆に、褒められ好きの方や自慢話には合いの手をしっかりと入れます。

それにプラスした高難度の技として、褒めちぎった後、その人のダメな部分を一言やんわりと添えます。これが大事なのは**褒めてばかりいる人間は後に信用されなくなる**からです。この最後に落とす事で逆に信頼を寄せられ、周囲にも不快な思いを与えないどころか頼られる人間になりうるのです。

私が通販コーナーのMCをやらせて頂くにあたり、制作サイドにお願いした条件が2つありました。それは、『笑いの重視』と『正直に言うこと』でした。

それを守ることによって、在京キー局年間売り上げ高1位に貢献できたのだと思います。楽しませたい心と誠実な心を持って収録に臨み、最後に**全力でサポートする言葉をストレートに伝える。結局は心ですから**。

第六章　芸人随一のディベート王。揺るがない自分を持つ・田村淳《あつし》さんに学ぶ信念

ここまでは【サービス精神】の大切さや【奉仕の精神】の重要性についてお話ししてきました。

この章では**【信念を曲げない勇気】**をお伝えしたいと思います。

一見、真逆なことに思われるかも知れませんが、『核となる部分は同じ』です。

つまりプレゼンは表裏一体。『押してもダメなら引いてみる』といった具合で、真逆のパターン（カード）も、可能な限り用意しておきましょう。

この時の表裏とは、表側がプレゼン相手に尽くすという事。

そもそも、プレゼン相手に気に入ってもらわなければ勝つ事が出来ませんよね。そ

のために必死で対策を練り、本番へと挑む訳です。

しかし時として、いや極めてレアなケースとしてプレゼン相手と衝突し、真っ向勝負する時も無きにしも非《あら》ずです。

言い方を換えれば、プレゼン相手の中には意地悪な人も居て、わざと腸《はらわた》が煮え繰り返るような質疑を投げ掛けてくる人も少なくない、ということでしょうか(苦笑)。

ビジネスでの無茶ぶりは、可愛さや愛情など一切無く、パワハラとさえ取られる場合もあります。

それでも権利を勝ち取るためには平身低頭、グッと堪えて、その無理難題に出来るだけ応えていかなければならない訳です。

そこで、「これだけは曲げられない！」というポリシーを持ち、プレゼン相手に真正面からぶつかって戦わなければならない場面も時としてあるのです。

それは貴方のプライドというよりも、相手を思うからこそ。

敢えて、「曲げない」「合わせない」事が『プレゼン相手を思っての事』と、貴方が判断したのなら、それを貫き通すべきなのです。

これだけは言えます。

自分らしい信念を持つ事が、ビジネスマンの誇りへと繋がり、やがて大きな成功へと導いてくれるのです。


また、プレゼン相手の無理難題な要求が、あまりにも貴方のプレゼンプランから外れているようでしたら、断って良いと僕は思います。

それは貴方と相手の双方にとって、マイナスな契約になりかねないからです。

それよりも、**貴方のプラン（ポリシー）を熱意を込めて、心から強く訴えるべき**です。

それがプレゼン相手の幸福を思っての事であれば、きっと貴方の【信念】がプレゼン相手の心に響く事でしょう。


ここで大切なのが『自分を信じる』です。つまり『信念を持つ』という事です。

これは**『自分を大切に出来ない人は、他人をも大切に出来ない』**という理論と似ています。

『自分を信じようとしない人』は『他人にも信用されない』という事なのです。

そして、**芸人の中にも絶対に自分の信念を曲げる事なく闘い続け、大きな勝利を手にしてきた**人がいます。

それが**【ロンドンブーツ1号2号・田村淳】さん**です。

実はロンブーとペナルティは吉本興業の同期芸人なのです。

淳君は若手の頃から強い信念を持ち合わせていた芸人でした。

歯に衣着せぬ発言、思いたったらすぐやる行動力でお笑い界に風穴を開けました。

淳君が確立した新たなスタイルは、「お笑い芸人はお洒落でカッコいい……だからモテる」というアイドル的な要素を芸人界にもたらしました。

「お洒落をして若い女の子に支持されなければ世に出られない」と当時から言ってましたね。

人懐っこい笑顔とズル賢さを持ち合わせた不思議な魅力の持ち主。母性本能をくすぐり、先輩の懐に入り、同期を大切にして、良き兄貴分として面倒見も良いから後輩にも好かれます。

淳君は少年のような心と繊細で計算高い所もある平成の策士と言えます。だから若くしてスターとなり、デビューから僅か3年で冠番組を持ち、今もなお活躍を続けている淳君。

ちなみに向上心と野心の塊のような淳君は、40代になると新たな一面を見せ始めました。

1つは、キャスターとしての知的な部分です。

元から勉強家だったのですが、もっと深く社会を知るために大学受験に挑戦したり、政治にも興味を示し、「もしかして選挙に出るのでは?」という噂が流れるくらいに学問に勤《いそ》しみました。

常に進化し続ける淳君だからこそ、オファーが途絶える事がなく、年齢とキャリアに相応しい仕事が出来ているのです。

そしてもう1つは、父親としての家庭的な一面です。

友情に厚く、仲間を大切にする淳君は当然のように自分の家族にも全力で愛情を注ぎ、守り抜く男です。

そんな彼だからこそ、若者だけではなく主婦層からの好感度と信頼度も高いのです。

主に10代から40代までの絶大なる支持を受けている淳君。

彼は強い信念を持ち、それを曲げる事がないため、意見の相違から衝突してきた過去も多々あります。

相手が歳上だろうが、プロデューサーだろうが、素人だろうが、違うと思えばしっかりと議論するのです。勿論、相手の意見も聞いた上で、圧倒的なトーク戦略で自分の意見を伝えます。

時には歩み寄り、時には論破を超えて熱いハートでねじ伏せたり。勿論、平行線で終わる時もあるでしょう。

とにかく自分の意見を貫く力が凄いのです。

ココマネ！

スタンスを変えずに、1つのスタイルを徹底する事で大樹の年輪のように、少しずつ貴方の心に太い芯、つまり幹が作られていくのです。

幹が太いから根も強い。

だから嵐になろうが、この信念の根が大地に張り巡らされているので、大樹は倒れる事も折れる事もないのです。

プレゼンでは逆風・逆境に遭遇する事は多々あります。そんな時でもブレない精神力、そう**信念が必要不可欠**なんです。

例えば、あの闇営業問題の時もそうでした。

淳君は口下手な相方のために会社との話し合いの際に間に入って尽力したのです。


性格的には竹を割ったような男気のある淳君、自身の好みもハッキリしています。

逆に淳君の事が苦手という人も、きっといるかとは思います。

でもそれは裏を返せば、淳君が世間様から認知、認識されているという証にもなりますよね。


つまり芸風やキャラクター、タレントカラーがハッキリしているという事ですから、仕事のオファーをする制作側としては、非常にキャスティングしやすいので、デビューから30年近い今でも仕事が絶えないのです。

淳君の真っ直ぐな性格とポリシー、そして核となる正義感がプラスにもマイナスにも大きく働くことがあります。

ですが、ブレる事のない信念があるので、全く不幸ではないのです。

と言うのも、プラスに作用した時のハマり具合は僕の知る限り、他の芸人さんよりも群を抜いていると思うからです。

それは皆さんもご存知のように、数々のバラエティ番組への出演や人気長寿番組の司会者を任されるという形で現れています。

有言実行を地で行く淳君は、自らの意思を言葉にした以上、必ず結果を出すために全力を尽くし、本当に結果を出してきた……というイメージが強くあります。何せ近くでずっと見てきましたからね。

【淳君のエピソード】

淳君はデビュー当時から全くスタンス・スタイルを変えずに仕事をしている数少ない芸人です。やりたい事をやる、言いたい事を言う、新しい事をやる、この行動力には頭が下がります。

実はロンブーの2人は私達ペナルティが合格した銀座7丁目劇場のオーディションに落ちているのです。

納得がいかない彼等は、わざわざ吉本の担当者を訪ねて直談判した結果、不合格ではありましたが吉本に入る事が許されたのです。

つまり、直談判しなければ今のロンブーは存在していなかったのです。

ココマネ!

直談判などは、会社員を主役にしたドラマだけの話。貴方には強行的な手段や突破などはオススメしませんが、熱い気持ちと信念を貫くという事は大切です。

直談判というよりも、誠実に粘り強く、信念を貫く事は信頼を築き上げる大切な行為の1つです。プレゼンチームの仲間の気持ちを正しく理解し、妥協点を見つけるように心掛けて下さい。

淳君は目上の方、素人相手でもハッキリと物申します。

この行為は敵を作ることもありますが、裏表が無いという意味では取り扱いが分かりやすいのでキャスティングしやすいでしょうし、同時に戦う姿勢はカリスマ性をもたらします。

大切なのは論破ではなく議論です。

その際、仲間達とはプレゼンの方向性を合わせていなければ決して勝てませんので、徹底的に話し合っておきましょう。


淳君の番組の特徴として、アシスタントに女性アナウンサーや女性タレントが起用される事が多いです。

これは淳君がどちらかと言えば『剛』のキャラやスタンスなので、『柔』のイメージのアシスタントを付ける事でバランスを取っているのでしょう。いわば調和です。

淳君は1人で何でも出来てしまう器用さと鋭い勘の持ち主なのですが、パートナーに女性を入れる事で視聴者はより見やすくなりますし、番組としてもバランスが良くなるのです。


ココマネ！

プレゼンのパートナーとして貴方と真逆な性格の人を選ぶとバランス感がアップします。アクセルとブレーキの関係性が保てます。

■分析力

若手時代、淳君の家に遊びに行った時、小さなアパートに所狭しと沢山のノートとビデオテープが置いてありました。

ノートの表紙にもビデオテープのラベルにも、『お笑い』と手書きの文字が!

淳君は売れるために沢山のバラエティ番組を録画して勉強していたのです。

気になったポイントやワードをノートに書き込み研究し続け、実践に活かすという訳です。

この分析と実践があったからこそ、誰よりも早く売れたのです。

ココマネ!

勝ちたいのなら傾向と対策は当然。同期に差をつけ、頭一つリードするためには根性だけでは勝てません。

■セルフプロデュース能力

淳君は認知されるため、デビュー当時から色々な策を練っていました。

仕事の時は必ず白いヘアバンドをする。

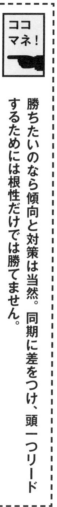

髪の毛の色を赤く染める。

現在は色の入った眼鏡を掛けています。

これにより田村淳を目で認識しやすくなる、と考えたのです。


ココマネ！

取引相手に覚えてもらうのに、眼鏡は有効。人は顔から認識し始めますので、お顔周りを意識する事で覚えてもらいやすくなります。マスクに特徴を付ける事も1つの手かもしれませんね。


余談ですが【極楽とんぼの加藤浩次】さんもプロデュース能力に優れています。

例えば【ココリコ】さんは元々は『ココリコボンバーズ』というコンビ名で活動していましたが、加藤さんのアドバイスで改名。

他にも【おぎやはぎ】のお2人にコンビで眼鏡を掛ける事を薦めたり、何を隠そう淳君の相方【田村亮】君の金髪坊主頭も加藤さんのアドバイスです。

淳君や加藤さんなど、**プロデュース能力に長けている人は強い【信念】を持っています。**加えて**そこに冷静な分析力が前提にある事を忘れてはなりません。**

ココマネ！

決して奇抜な事などしなくて良いのです。大切なのは貴方自身に合ったやり方を見つける、貴方に相応しい言動を心掛ける、貴方に似合う服装をする、それだけの事です。

■出演したからには結果を残す

若手の頃、淳君はウッチャンナンチャンさんの深夜番組の企画で何かボケた淳君に「出てけ！」とツッコミを入れました。それに対して淳君は臆する事なく「じゃあ、帰るんで出口教えて下さい」と返しました。これでロンブー淳は同世代に記憶され、結果的に番組にも爪痕を残し、これをキッカケに同期の中でロケットスタートを切りました。ペナルティが差をつけられた歴史的一言でしたね(笑)。

ココマネ！

プレゼンは勝つ事が大前提ですが、記憶に残る事も大切です。それが次の貴方の明るい未来に繋がります。

■瞬発力の高さ

淳君は機転が利き、場の空気を察知する能力も高いのです。これはプライベートでの話。

居酒屋で飲んでいると強面の男性グループに話しかけられ、半ば強制的に同席する事になり、最後にその男性に電話番号を聞かれました。

淳君は携帯の番号をスラスラと伝えました。

男性と別れた後に「教えて大丈夫？」と聞く僕に「最後の数字だけ別の教えたから大丈夫」と答えました。

「もし、その場で確認のために掛けられても、最後だけ間違えました〜で、笑って誤魔化せるから」と。この切り返し、瞬時の発想。流石です。

ココマネ！

空気を一瞬で変えてしまう判断力。周囲が迷う前に動く事で、リーダー感が生まれます。誰が最初に舵を握るのか。貴方が舵を取れば船長は貴方になります。

■ディベート

淳君は良くも悪くも弁が立ちますから、相手を論破するまで折れる事なく、延々とディベートを続ける時がありました。

ディベートは決して悪い事ではありませんが、ヒートアップして口調が乱暴になってしまったら議論とは言えません。

あくまでも**相手に敬意を表しての意見交換という事を忘れてはいけません。**

ココマネ！

プレゼン相手と揉める事は言語道断。ディベートならまだしも、怒りで感情を剥き出しにしたら1発アウトです。そんなリスクを背負うような行為を大勝負だと考えた時点で失敗。土下座などはドラマの世界だけの話です。大切なのはしっかりと道筋を立てる事です。『ノープラン・ノーサクセス』なんです。

【結論】

貫き通す信念をあまりにも持ち続けるとストレスに繋がる事も多くなります。絶対に譲れないポリシーが1つだけでもあれば、途中で考え方を変えたり、曲げるとしても、それは貴方自身が決めた事なのですから、決して恥ずべき事ではありません。

しかし**社会人として会社から何か任された時は、必ず信念を持って対処・対応をするべき**です。

自分のためにやる事が会社のためにもなるのですから、先ずは自分の気持ちに正直に向き合ってみる事が大切です。

貴方の信念の中に『困ったら素直に他の人の意見を聞いてみる』という考えを取り入れてみたり、『相手を尊重してみる』とか『相手の言うがままにやってみる』という信念を掲げるのもありなのです。

相手に合わせる……貴方がそう強く心掛ければ、それも【信念】になるのです。

❖ヒデのスタンス❖

私も信念は貫く方ですが、淳君ほどの覚悟はありません。そこまでの実力もないと自認していますし、自信家でもありません。

そもそも**根本の柔軟さが自分の武器**だと考えているからです。つまり臨機応変を心掛けています。

例えば、人から薦められた物は否定せずに一度受け入れてみます。そこから自分に向いているかどうかを判断し、向いていなかったら私の中では不採用としています。

セルフプロデュースも得意ではありませんが、常に気にはしております。

自分が発信する事に関しては、必ず一度冷静になり、立ち止まって考えてから改めて動きます。感情に流された発言・発信はしません。

番組では基本ジャケットを着用し、内容や時間帯によってはスーツにネクタイと決めています。

ロケではカジュアルになりがちになるのですが、それでもデニムのパンツ（ジーパン）は穿きません。どうしても普段着にしか映らないからです。

服装も言動もツッコミ方もＴＰＯに合わせなければいけません。流行っているからとか、楽だからとか、着てみたいから、などは二の次で一番は清潔感を重要視し不快感を与えないという事です。

感情のコントロールで気をつけている事は、アクシデントなどで心が乱れそうになった場合には、**一度間を取って、ゆっくりと深呼吸をする**ことです。これだけで動揺はかなり緩和されます。

これはプレゼン現場だけではなく、会議中でもそうです。

仲間と意見が衝突した時には、一度深呼吸してから発言してみましょう。いわゆる『アンガーコントロール』です。これだけで全然結果が変わります。

第七章　飽くなき努力と丁寧な仕事で勝ち得た全国区の道・川島明さんに学ぶ情報収集力

子供の頃、大好きだったクイズ番組がありました。その番組で出題されるクイズの内容はジャンルごとに分かれているものでした。

「文学・歴史」「芸能・音楽」「スポーツ」「科学」「社会」そしてこれ以外の「スペシャル」というジャンルに分かれていました。

優勝するには知識や頭の回転の速さだけではなく、運も必要ですし、解答ボタンを押す反射神経も大切です。そして普段通り、平常心で戦えるかという点も大きな要素でしょう。

それでもクイズ番組ですから、問題に答えられる知識があっての事には変わりありませんが、**この時に必要なのが『幅広い知識』**という事です。

専門的な知識は必要ありません。あくまでも全ジャンルで80点も取れれば優勝が可能なのです。

つまりクイズ番組はオールジャンルに１００％詳しくなくても良いのです。

他のジャンルの勉強に時間を費やす方が、クイズだけでなくプレゼンでもモノを言います。

オールジャンルを網羅している者がクイズを制するように、**幅広い知識を持つ者がプレゼンを制す**ということも、ひとつの真実です。

いろんな事に興味を持ち、楽しみながら仕事をする事が出来たら最高ですよね。

神経を尖らせて、心を擦り減らし、頭をフル回転させ、慎重に準備をして来たとしても、僅かばかりの綻びや穴で、プレゼンのダムはそこから決壊が始まり、一気に崩壊へと繋がります。

プレゼンは丁寧に丁寧を重ねる外壁の塗装作業のようなものです。上手にムラなく塗られているかどうかは全体像を俯瞰で見てみないと確認出来ないものです。

大切なのは1箇所1方向のみではなく、人間ドックのＭＲＩ検査のように全方向・全方位から見てチェックしなければダメだという事です。

この場合の全方位とは、ある事柄に対して専門的なほどに詳しくなる必要はなく、様々なジャンルを8割くらい網羅していれば良いという、クイズ番組優勝理論と一緒です。

これを意識することにより、プレゼンのダムに穴が見つかったとしても直ぐ埋める事が出来ますし、仮に埋める道具が手元に無くても、別の方法で対処出来てしまう強み、**つまり『リカバリー力』までも自然と身に付いてくる**のです。

社会人として、知識・社会情勢・トレンド・ホビーなど、様々な分野をおおよそ網羅しておくとビジネスシーンにおいて恥ずかしい思いをする事はないでしょう。それがプレゼン準備段階や本番で、何らかの形でのアクシデントに強さを発揮するという事なのです。

人間、全てに100％の心血を注ぐ事は出来ませんし、それに費やす時間もありません。やる事が沢山あるし、休む事も大切ですから。人間の身体は１００％の力を出し切ると筋肉の細胞が破壊されると聞いた事があります。

だから**『アソビや、のりしろ部分』を残しておかなければ不具合が生じてしまう**のです。

わざわざご自身の心と体を無理に追い込む必要はないのです。

一般常識にプラスした知識を少しずつ蓄えていくように心掛けましょう。

勿論、楽しみながらです。

では、どういった事に気をつければ『全方位情報収集能力』が身に付くのでしょう。

何も考えず、時間だけ掛けてもストレスになるだけ。それでプレゼンに負けたら全てが水泡に帰して、残ったのはストレスのみ……そんな結果は是が非でも避けなくてはなりません。効率良く、楽しみながら様々なジャンルの情報を得ていきましょう。

この項目に関しては、天性よりも努力によって報われるので、誰にでもチャンスがありますから意識してやり続けていきましょう。

要はやるかやらないかで決まるのです。

だから、**やらなきゃ勿体ない**のです。

毎日コツコツと努力を怠らずにいれば、やがて回ってきた大きなチャンスで今までの成果を発揮して勝利を摑めますし、更に勝ち癖もつきやすくなるのです。

この**地道な作業を徹底している芸人**は沢山いますが、その中でも僕が心からリスペクトする後輩芸人の1人から学んでいきましょう。

その彼は、プライベートでも芸人仲間で集まると大喜利を始めたりします。**そんな日々の努力が実を結び、遂に全国ネットでの朝の顔に大抜擢された**のが「麒《き》麟《りん》です」という**低音ボイスの挨拶でお馴染みの【麒麟・川島明】さん**なのです。

【川島君のエピソード】

■プレゼンに活かされる情報の収集源

ルミネtheよしもとの楽屋には畳が敷かれた楽屋があるのですが、ここで仮眠を取る芸人も多い中、川島君が寝ている姿を見た事がありません。ロケバスでも絶対に起きて何かしています。それを確認している僕も寝ていないという事ですが、楽屋での川島君は必ず何かしらしてますし、誰とでも会話を楽しんでいます。

大阪から来た芸人には最近の大阪事情を聞いたり、転がっている雑誌や新聞を広げたりしています。テレビがついていたら必ずテレビに何かツッコミを入れています。楽屋に人が入ると必ず一言声をかけたり、いじったりしています。このコミュニケーション能力の高さも素晴らしいですね。こうした**会話の1ラリーから何か情報を得ようとしている**のが分かります。実際にそういった時の会話を切り取って、テレビで話していたことは何度もありました。

ココマネ!

時間を決して無駄にしない。起きている以上は可能な限り、何かしらの情報収集をしましょう。差はそこでつきます。

例えば『目から入れる情報』として下記が挙げられます。

読書

読書が苦手な方は人に薦められた本だけで充分です。それ以外の本は読んだ人から内容を聞けば良いでしょう。その方がコミュニケーションも取れますし、必要な情報だけを得られます。気になったら購入すれば良いのです。ただ、**この私の本だけは人に内容の詳細は絶対に教えず、買わせる方向で何卒よろしくお願い申し上げます**（笑）。

雑誌

幅広いジャンルの情報収集が可能。

雑誌は貴方の趣味嗜好に走りがちなので、興味がないジャンルでも、そこに雑誌があったならついでに読むようにしてみましょう。店頭での立ち読みは店にも他人にも迷惑ですし、時間の無駄なのでお止め下さい。

この場合は病院の待合室、美容室、特急電車の座席にある冊子、中華料理店、純喫茶などで何かのついでにがベスト。日本は至る所に雑誌（情報）が転がっています。それを有効活用していきましょう。

●新聞

新聞を読むことは社会人として当然の行為ですが、今はスマホのニュースで移動中やトイレ中もチェック可能です。紙の新聞をきちんと読むことと、手軽にスマホでチェックするのでは情報収集力に差が出ると思います。

●スポーツ新聞

スポーツに詳しいと、プレゼン中の喩えでも使えますし、スポーツ好きと繋がるツールとしても有効。三文記事やゴシップも何がヒントになるか分かりませんので、軽くでも良いので目を通しておきましょう。

●漫画

主人公の生き様や台詞から人生観やビジネススタイルを学ぶ事も可能です。漫画のセリフを引用してプレゼンで使用していきましょう。

ちなみに私は『ゴルゴ13』から世界情勢と生き様、プロフェッショナル性を学びました。ただ、ゴルゴ本人は性格上プレゼン業務には向いていません（笑）。

●ネット記事

ここでは良い情報だけをチェック。フェイクニュースなどを面白がるのは時間の無駄です。

●SNS

インターネット上での繋がりで自分に必要な情報と人脈を構築していく。不必要な時には迷わずブロックしましょう。

●テレビ

最新のトレンドに関してはネットに比べると若干の遅れが生じる場合もありますが、老若男女に分かりやすい言葉で伝えられているので、手軽で便利なツールですよね。

続いては耳からの情報です。

ラジオ

『ながら作業』に打って付けなのがラジオです。料理中や筋トレ中、車内でも、運転中でも可能です。

ここまでは個人での活動でしたが、ここからは他人から得る情報です。

会食

様々な方からお話を聞くのは財産になります。コロナ禍の今では難しいですけど、世の中が落ち着いたら色々な所に顔を出してみましょう。

オンライン飲み会もありですよね。実際に川島君も後輩と飲みながら大喜利をしていました。

雑談

実際に対面するなら感染予防対策を心掛ける。Ｚｏｏｍ、Ｓｋｙｐｅなどを活用しても良いですね。

ココ
マネ！

色々な媒体から少しずつ取り入れると、ストレスなく身に付いていきます。

■情報収集はプレゼンの筋トレ

川島君はホームランバッターというよりも、元メジャーリーガーのイチロー氏のような安打製造機です。

イチロー氏が1打1打コツコツと塁に出た結果が大記録に繋がったように、川島君も1番組1番組の積み重ねで信用を得てきたのです。つまり筋トレと一緒で、コツコツと毎日続けていく事が大事なのです。

理想がボディビルダーのようなムキムキの筋肉ではなく、バランスの良い、健康的な筋肉をキープしていきたい方なら、ガツガツとした筋トレをする必要はありません。部位ごとに80%程度の負荷で、**こまめにトレーニングし続けていれば、理想とする体型のキープが可能**となります。

それと同じで、バランスの良い、様々なジャンルに精通しているビジネスマンを目指すのなら、コツコツと情報収集する事が大切！　**筋トレも情報収集も毎日少しずつ。** **これを心掛ける事が大事**なのです。

ココマネ！

1日の流れとして、少しの意識で絶えず情報収集が可能となります。

《1日の流れ・例》

● 起床後、テレビをつけて身支度中にニュースをチェック。これぞ部位ごとの筋トレと一緒。

● 通勤の移動中はスマホでトレンドチェック。

● 会社にてコーヒーブレイクをしながら上司と情報交換。

●ランチタイムは部下の話に耳を傾け、隣のテーブルも盗み聞き（笑）。
●夕食時、近所の町中華でスポーツ新聞、お風呂で防水ラジオ、ベッドで寝るまでYouTube。

以上、決して無理はせず、ルーティーンになれば良いですね。**これぞ情報収集の筋トレメニュー**と言えます。

■異常なまでの丁寧さ

遅咲きのイメージがある川島君ですが、努力家で独特の才能の持ち主として大阪での若手時代から一目置かれていました。

正統派漫才師としてコツコツと信頼を勝ち得て、関西ローカルでのレギュラーが増え、満を持して東京進出。M-1グランプリでは決勝の常連、R-1グランプリでも決勝戦に進出。大喜利でも実力を見せつけてきました。

相方の田村君が書籍『ホームレス中学生』でまさかの大ベストセラー作家になった

時、その相方の光に一度は陰に隠れた川島君でしたが、コツコツと地道なピン活動で信頼を得て、田村君のブームの後に、力を蓄えた川島君に再びスポットライトがあてられたのです。

そこからの快進撃はご承知の通り、ゴールデンタイムでも次々にポジションを獲得してきました。低音ボイスも魅力的で、聴きやすく、滑舌も良い。更に大喜利や雛壇からの一言も得意とするユーティリティな芸人です。

ココマネ！

丁寧な仕事をし続ける事によって信頼度と完成度が上がります。焦りは禁物です。

■見やすさを重んじる

類い稀なる芸術的センスも評価されていて、特に絵心があり、大喜利の答えに厚みを持たせ、大爆笑を取ります。大喜利の番組に一緒に出た時、他の芸人が慌てて3つ答えを出すのに、川島君はゆっくりと1つを出し、その相手よりもポイントを獲得し勝利していました。焦らずじっくりと考え、フリップの字も丁寧で見やすく、そこに答えに合った分かりやすい絵を添える……この手法で勝ち進んでいったのです。

ココマネ！

プレゼンでモニターやスクリーンを使用する場合、大喜利同様、ある程度の視覚的な説明を入れておくのが有効です。
例えば「こんな楽しい使い方が出来ます」「こんな時に役立ちます」など、先ず言葉で注目させておいてから画像を出す。
これだけで見やすさ、理解度が増します。

■嫌味がない

立ち振る舞いがスマートで、とても上品なイメージがあります。言葉遣いも丁寧でスポンサーにも気に入られるから、番組のレギュラーにもキャスティングされやすいのです。

川島君の場合、**努力を積み重ねてきた余裕から生まれる品格**だと思います。

ココマネ！

余裕とは貴方がしてきたそれまでの努力から生まれるものです。

■エンタメ能力の高さ

以前、仕事で北海道に川島君と行った時、そこに吉本の札幌事務所の若い社員が同行しました。

新婚の彼は、奥さんを1人大阪に残して単身札幌で生活していました。

ロケバスでの移動中、彼は僕がMCを務める通販コーナーの話をし、オススメの掃除機を訊いてきたので某メーカーの製品を紹介しました。

すると、反対側の席に座っていた川島君が参戦して来たのです。

実は川島君も通販コーナーをやっていたので、2人でその製品をプレゼンしたら彼は直ぐに購入を決めました。

それだけではなく、電気圧力調理鍋も訊いてきたので、2人共にオススメの製品の、その良さを交互にプレゼンしました。

『コンパクトで場所を取らない』『高機能で使いやすい』『便利なタイマー機能付き』『朝起きたら美味しい料理が出来ている』『それなのに値段が安い！』『とにかく美味しい圧力料理が簡単に出来ちゃう』『しかも時短でその間に別の家事が可能』『ご飯も炊けるし絶対にオススメ！』

など、ラップバトルのように畳み掛けました。

結局、ロケバスが到着した時には、前の２つにスチームアイロンも加え、３つの家電製品をスマホでポチッと購入していました。

私達にはマージンはありませんが、プライベートで売り上げに貢献したのでした（笑）。

ココマネ！

常に臨戦態勢になるために日頃から情報を入れ続ける。

【結論】

精神論みたいですが、**令和の時代も努力と汗は裏切らない**のです。

情報は貴方の努力次第で手に入りますし、この行為自体はそれ程、大変ではないはずです。サボらずにやれる事をやっていきましょう。

最後に、川島君の相方・田村君は生い立ちを赤裸々に書いた書籍が２００万部以上の売り上げを記録しました。

そんな相方の成功を側で見ながらも、腐る事なく、地道に努力した結果が今にあるのです。

だから**努力は裏切らない**と私は声を大にして言えるのです。

昔から言われている『誰かが必ず見てくれている』って言葉、心から信じていいのです。

✣ヒデのスタンス✣

私は普段から、**サボるとプレゼンの神様に嫌われる**と思っているので、毎日コツコツやります。その中でも事前の努力は惜しみません。**素晴らしいパフォーマンスは、努力無しでは生まれない**からです。

私の中で100%大切に心掛けている事があります。それはプレゼン中は『表情と言葉遣いを豊かにする』です。

挨拶時は笑顔、言葉を投げ掛ける時は温かく柔らかく、決め台詞の時は凛々しく堂々と……など、その時に応じた表情や身振り手振りで流暢に繋いでいくのです。

この鍛練と意識を徹底したからこそ、視聴者の方に面白いと笑って頂き、更には購買欲求を煽ることが出来たのだと思います。私はこの時に、通販番組やプレゼンの楽しさを知ったのです。

その中でも笑顔は、物事をスムーズに運ぶ上で最も重要な武器の1つであり、世界共通のサインです。

鏡の前で練習しても上手くいかないのなら、楽しかった思い出を呼び起こすだけでも違います。

ペナルティの公式ＹｏｕＴｕｂｅチャンネルを登録すれば即解決します（笑）。

才能が無い私は毎日多くの努力をしなくてはなりません。

そのためには「努力してます！」と敢えて宣言をします。怠けないようソフトに鞭を打つのです。努力と汗は裏切らない……これは真実なのですから。

この結果、勝ち得た日本一の称号と同時に、私は『やり甲斐』と『生き甲斐』を手にしたのです。

貴方にはもっと努力が出来る才能があると、私は信じています。お互いに努力していきましょう！

第八章　人生の逆転満塁本塁打。断らない男・山里亮太さんに学ぶ自己演出力

プレゼンの原則は、どこまで相手の要望要求に応えられるか、どれだけの無理難題を受け入れられるのか、です。

この応え方次第で『貴方の真価』が問われます。

相手の要求を形に出来る人はプレゼンの世界でも重宝されます。

ここまでは『サービス精神やおもてなしの精神』を推奨して参りました。

あくまでもコチラ側（貴方）からの発信でした。

この章はアチラ側（プレゼン相手）の**要望に応えていく**『**受け身**』の**重要性**についてです。

尽くすことは、受け身だけではなく、実は『攻め＝攻撃』でもあるのです。
つまり、ただ「NO」と言わないだけで、実はステルス攻撃を繰り出すのです。相手の攻撃を自分の力に活かしている『合気道』と言ったら分かりやすいかも知れませんね。

無理な要求も断らない。絶対に逃げずに達成を目指す。とにかく諦めない粘りと根気。

プレゼン相手からの強引な要求に対して、真摯に受け入れて、懸命に応えようとする姿勢も、プレゼン相手の心に響くものなのです。

無理難題の要求を断るのは非常に簡単な事ですが、それに**どうにか応えようと獅子奮迅の働きをする、限界の中で闘い挑み続ける事によって人（貴方）は更に成長していく**でしょう。

簡単にNOと言わない。ギリギリまで食らい付いてやってみる。それはプレゼン相手のためだけではなく、むしろ貴方のためにもなっていくのです。

計算を尽くしたセルフプロデュースを徹底していくと、プレゼンの勝ち癖すらも自然と身に付いていき、大きな財産の1つとなります。

プレゼンに勝つためのサクセスストーリー（勝利への道筋）をどれだけ繊細に作れるのか、いわば勝つまでの逆算（フローチャート式）がどれだけ詳細に出来るのか。これが肝心なのです。

プレゼン内容に関しては、当然ですが、完璧に準備しましょう。更には、その日に着ていくスーツ（勝負服）や眼鏡など、細部にわたり完璧なまでに用意して下さい。

つまり、**全てがプレゼンに勝つためのプロセスと考え、計画を打ち立てていく。**これがイロハのイ、とても重要な事なのです。

日本人はおもてなし精神が宿っているためか、接待は非常に得意なのですが、何故かロビー活動を苦手としています。

このロビー活動を軽んじてしまう古い考え方は、大変危険です。

だからこそ、**堂々と胸を張ってロビー活動**をして頂き、チーム全体の共通認識として大事に考えて頂きたいのです。

貴方が本気でプレゼンに勝ちたいなら、全てを徹底的にやる。一切の妥協も手抜きもしない。これを念頭に置いて下さい。

あくまでもプレゼン期間中だけですから、やってやれない事はないはずです。

プレゼンの勝敗は下準備の段階で決まってしまうと言っても過言ではありません。

当日は勝利を信じて、仲間を信じて、自信を持って挑むだけです。

その上でロビー活動を行う事は、勝利のパーセンテージを上げる事に繋がります。

何度も繰り返しますが、やれる事は何でもやるのです。

僕の中で受け身の人と言うと真っ先に浮かぶキーワードが『這い上がる力』と『のし上がる力』です。これがとても強いという印象が強くあります。

プレゼンはあくまでも貴方のキャリアアップのための通過点に過ぎない、幸福へのステップに過ぎません。

キャリアアップし、幸福へ進んでいくために、『這い上がり』、そして『のし上がり』

ましょう。

プレゼンが終了するその瞬間まで死に物狂いになれないはずがないと僕は考えています。そのプレゼンさえ終われば、思いっきり解放されるのですから、その期間だけでも頑張って頂きたいのです。

だからこそ、人に受け入れてもらう前に、先ずは貴方自身が全てを受け入れてみる事。そこから初めてスタートとなるのです。**人を受け入れれば、人に受け入れてもらえる。**これぞブーメランの理論なのです。

この受け身、そして受け入れる精神で大成功を収めた芸人がいます。それが、プライベートも充実中の【南海キャンディーズ・山里亮太】さんです。

過去には、嫌いな芸人1位。抱かれたくない芸人1位。ブサイク芸人ランキング1位など、数々の不名誉な（芸人としてオイシイ）タイトルを総ナメにし続けてきた山里君。

長年、世間の皆様から『変顔』など散々な言われ方をされ続けてきた男が、いつしか業界人の誰もが実力を認める『お茶の間の顔』になりました（失礼な言い方してゴメンね、山ちゃん）。

ただ、以前から番組制作や業界人からの信頼は厚いものがありました。

理由は番組の趣旨や意図、山里君に**お願いしたい立ち振る舞いをしっかりと理解し、確実にこなす**点にありました。

更に本番中の空気を素早く察知し、その現場で臨機応変に対応出来る芸人なのです。

その地道な積み重ねで様々な現場からの信用を得てMCからパネラー、汚れ役まで多くのオファーが殺到するようになり、いろんな番組になくてはならない存在となりました。

元々の器用さと博学さに加えて『負けの美学』をも持ち合わせる男は、プライベートでも世間を驚かす程の伴侶を射止めて、まさに公私共に充実しているでしょう。

まさに人生の大逆転を遂げたのです。

【山里君から学ぶこと】

■キャパシティの大きさ

『NO』と言わない理由には、**芸人界最高峰の受け入れ態勢と受け入れるキャパシティの大きさ**があるからです。

無理難題でもOK。山里君の受け入れるその余裕は、とにかく懐が深く、色気すら感じてしまうのです……って少し言い過ぎましたが、でも本当に怒らずに受け入れるその姿が、同業者としてめちゃくちゃカッコ良く見えてしまうのです。

そして、その無理難題を様々な手法で解決出来るということは、それだけの能力の高さがあると世に知らしめていることでもあるのです。

ただしこれは学校の勉強が出来る賢さとは全くもって違います。山里君は〝**人間力の賢い芸人**〟だと言えます。

ココマネ！

受け入れるだけでなく、『いなす』『ごまかす』といった、自分自身に不利な状況を切り抜ける術も必要。スルーする所はスルーしないと、ただのストレスになりますので気をつけましょう。

■プレゼン相手に合わせるスタンス

山里君は根っから全ての人に合わせられる受け身のポテンシャルの高さと、それを自分なりに噛み砕き処理するテクニックを兼ね備えています。

実はこれ、お笑い能力がズバ抜けて高いという訳ではなく『相手に合わせる会話能力が芸人界でトップクラス』という事なのです。

話し相手の目、その目の奥の色。顔色、呼吸、感情や心の声を敏感に感じ取る事が出来る山里君。この能力は天性のものなのです。

ココマネ！

プレゼン相手の言動、質疑、場の空気を敏感に感じ取り、瞬時にプレゼンに活かしましょう。

■他人の意見に敏感

山里君はとても繊細な人なので、他人の意見に対してとても敏感な芸人さんです。よく絡む大物先輩芸人(例えば、ヒロミさんや加藤浩次さん)とはまるで違うタイプですし、真逆の芸風でもあります。

どちらかと言えば口撃(攻撃＝攻め)型の芸人さんと絡む事が多いので、山里君は当然のように先輩方の意見を受け入れて、その先輩方の一挙手一投足を拾い集める作業を繰り返し行ってきたのです。

あなたも、普段の先輩の金言から後輩のアドバイスから愚痴までメモを取るようにし、それを自分の言葉に変えて、次の仕事に活かせばいいのです。

■お洒落なスーツに、特徴ある眼鏡姿、独特の声

山里君といえば、おかっぱ頭に赤いフレームの眼鏡。その奥の怪しい目つき。そしてスーツにスカーフ。子供ですら名前を聞いただけで顔や服装の特徴がパッと浮かびます。

コレも彼の『細かいセルフプロデュース』と言えるのです。

ココマネ！

プレゼンは見た目が7割。見た目の印象を良くすることを怠れば負けは確定となります。

独特の掠《かす》れ方と若干の早口、それに加えて独自のツッコミ。他の番組やラジオ、CMでも、山里君の姿は見えていなくても直ぐに本人だと分かるようになりましたね。これはビジュアルだけじゃなく、声やトーン、言い回しにもオリジナリティと演出を施したからなのです。これで目でも耳だけでもインパクトを残す事に成功したのです。

ココマネ！

プレゼンの内容でインパクトを残し、更に個人としての印象を残せば、次の仕事につながりやすくなります。言葉にプラスして視覚・聴覚要素も大事なんです。

●服装や髪型に関するキーワードはS

服は3つのS

（S）爽やかで（S）清潔感があり（S）シンプルに。

髪は3つのS

（S）サッパリと（S）ショートで（S）剃り込みはわざわざ入れぬように（笑）。

警察官がだらしない着こなしをしていたら頼りなく感じるし、料理人の爪が伸びていたら食欲が失せますね。

プレゼンターの第一印象は見た目で決まります。少しでも努力して印象良く見せる事は走る前のストレッチと同じです。やらなきゃケガに繋がりますし、良いパフォーマンスが出来ません。

ココマネ！

髪・服装など自分磨きにはお金と時間を惜しまない事です。中身はなかなか変わらなくても、外見は1日で変えられます。

■奥様との馴れ初め

大きく分けてガンガン口撃する『攻め』の芸人さんもいれば、どちらかと言えばリアクター、つまり『守り』タイプという、言わば受け身の芸人さんもいます。

山里君は受け身タイプの最高峰に存在する芸人です。

ところが、山里君もコト恋愛に関しては受け身でもなんでもないのです。実は男気のある『フォワード』の選手でした。

皆さんご存知だと思いますが、山里君はあの天下の人気女優さんの心を射止め、挙げ句の果てに結婚にまで至りました。とんでもないビッグニュースです！

この時もふざけた顔で得意のプレゼンを彼女(後の奥様)にして、自分の気持ちをアピールしたそうです。

その時の決め台詞がコチラ。

「ちょっと僕と付き合ってみます？」

こんなキザな台詞は男前しか普通は使わないはずなんですが、山里君はそれを堂々と口に出来てしまうのです。

まさに『クーリングオフ』を前面に出しての『恋愛お試し期間』を設けたプレゼンテクニック。

結果、このプレゼンのやり方で真っ直ぐな男気をアピールし、見事に採用決定というミラクルを起こしたのです。実に痺れますね！


山里君には少し失礼な言い方をさせて頂きますが（これはあくまでも僕の憶測で）、きっと最初は自分の良さを誇大なくらいに全力で伝えて、その後に『騙されたと思って付き合って欲しい』的な感じで猛烈にアピールしたのでしょう。

そしたら何と！　天文学的な確率で奇跡の契約を結んだのです。そんな感じに決まってます。そうであって欲しい……（涙）。

繰り返しますが、これは僕の勝手な想像です。またまたごめんね、山ちゃん。

でも、結果的に、お二人は幸せな結婚に至った訳ですから、やっぱり山里君って素敵な男性だということなんですよね。

ココマネ！

嘘は言語道断ですが、本当に自信があるプレゼンならば、その相手から採用してもらうまで食らい付くガッツが必要です。

■ 根回しの必要性

更に、プレゼンの巧さだけではなく、根回しの凄さも忘れてはなりません。

実は奥様の大親友でもある相方の【しずちゃん】に、そもそも紹介するようにお願いした時から、彼の恋愛サクセスストーリーは始まっていたのかも知れませんね。

しずちゃんに初顔合わせにも同席してもらい、そしてフォローやサポートまでしてもらっているんです。同性としてサイテーな奴です……って羨ましいだけですがね(笑)。

つまり親密交際から結婚に至るまでの完璧な根回しを、恥ずかしがらずに相方にお願いしちゃう奴なんです。

これは腹立つ反面、本当に大したものだと思います。やっぱり賢いんですよ、彼は。

でも、山里君が心底『サイテー』なら相方であるしずちゃんは紹介したり、フォローしたりしないと思うのです。

つまり、山里君は皆さんが思っているような『ダメな男』ではないという事です。そして何よりも、山里君も奥様を幸せに出来る自信があったという事が言えます。だからこそ、この根回しは決してカッコ悪い事ではなく、むしろ2人にとっては幸せになれたのですから『正しい積極的な根回し』だったと言えます。

ココマネ！

上を目指す人は根回しは、『やらなきゃ損』ではなく『やらなきゃ手抜き』なんです。日本では根回しというと、何か卑怯な感じに思われがちですが、根を張り巡らせないと立派な大木になりませんし、倒れてしまいます。例えば、国際的なスポーツイベントでは、根回しはプレゼン側の当然の権利であり、正当なプレゼン術の1つなのです。

■1秒でも無駄にしない

以前は、南海キャンディーズとしての劇場出番の際、山里君は楽屋を全く使わず、ロビーのテレビモニター前にパイプ椅子を置き、ずっとそこで出番まで過ごし、ネタをやって帰っていました。

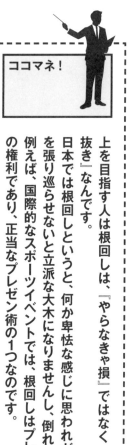

なぜそのような行動をしていたのか？　モニターで他の芸人のネタをチェックしながら、ロビーを通る全芸人、全スタッフと挨拶やトークをすることが可能となるからです。

待機中でも確実に情報収集を怠らなかった山里君。これぞまさに『ロビー活動』です。

プレゼン会場周辺を歩いてみたら得な出会いがあるかも知れませんし、FacebookなどのSNSをこまめにチェックすれば、思わぬ大物と繋がるかも知れません。

■ 喩えの連発

山里君は独特の喩えを駆使します。

「その優しさ、ナイチンゲール8人分」、「ピラミッド3個分のミステリアスさ」など独特の表現で、普通のツッコミは入れません。

このようなツッコミのオリジナリティを引っさげて世に出た代表は【くりぃむしちゅーの上田】さんです。

ちなみに【玉袋筋太郎】さんや【銀シャリの橋本】君も比喩能力の高さが際立っている芸人さんです。

皆さんに共通しているのは、**ボキャブラリーの多さと深さ。広く一般的な喩えから、玄人好みのコアな喩えまで適材適所で対応が可能**なんです。

> **ココマネ！**
>
> **やはり他者との差別化が大切です。貴方らしい比喩を活用して、インパクトのあるワードでプレゼン相手の記憶に刻ませましょう。**

■ミスをプラスに

山里君は千葉県出身なのに、大阪の養成所に入りました。

お笑いの本場は関西という発想から、吉本興業が東京にある事を知らなかった山里君は、大阪でお笑い芸人を目指すために敢えて大阪の大学を選んで受験しました。

自ら遠回りをした事もネタにしてしまう。

ドッキリも自虐も、笑いになるなら全てネタにして、次第にゴールデンタイムで戦えるだけのお笑い筋肉をつけていったのです。

ココマネ!

ウィットに富んだユーモラスさはビジネスに役立ちますが、自ら笑いを取ろうとすればするほど会議室は大寒波に襲われますので絶対に止めて下さい。

■言葉選びで得をする

山里君は言葉遣いが丁寧です。上から目線でイジられる事が多いので、下からの丁寧な返し(返答)が出来てきたのでしょう。

そして次第にビジュアルとのギャップで多くの番組の司会を任されるようになったのです。

山里君から品格すら感じるのは、やはり**言葉遣いの丁寧さとボキャブラリーの豊富さ**にあると思います。

ココマネ！

細かい事ですが、意識して丁寧な言い回しをしていれば次第にそのクセが付き、次のプレゼンの時には見違えるように変わっているでしょう。

どうせ話すなら意識して、厚みのある賢そうなワードを選択しましょう。

【結論】

特徴的なおかっぱ頭、赤い色の奇抜な眼鏡フレーム、ホストのような衣装で、女性層から嫌われるような発言。それらはまさに『売れる』ための自己プロデュースだったのです。

もしも、山里君がプライベートでも同じだったら、あんなにも素敵な伴侶には恵まれなかったでしょうし、しずちゃんも大切な親友を紹介する訳がありません。

ある意味で山里君は人生の大逆転劇を成し遂げたと言えるかも知れません。

ではプレゼンの場合の自己演出とは？

それはプレゼンに勝利するその日まで、徹底して自己管理、自己演出を意識するという事になります。

つまり、日々の細やかな努力の積み重ねに他なりません。人と少し違う事をやるなら、自分を信じて最後までビジネスプレゼンターを意識し続ける事が大切なのです。

山里君の成功も、自己演出を徹底し続けた結果だと言えるのではないでしょうか。

繰り返しますが『汗と努力は裏切らない』という事なのです。

私は山里君とはまた違った切り口で喩えます。スタイルやスタンスもかなりの違いがあります。

貴方も自分の得意とするバリエーションを見つけて下さい。

料理が得意な人はメニューや食材で、映画好きな人は映画で喩えれば良いのです。ただ、あまりにマニアックな喩えは逆効果になりますので、どうぞお気をつけ下さい。

先ずは1枚カードを持つ。そこから1枚1枚増やしていけば、多くて深いボキャブラリーを持ち合わせる事が可能となり、百戦錬磨の第一歩になるんです。

ただ、何十枚も持つ必要はありません。強いカードが数枚あれば負けることはないでしょう。

❖ヒデのスタンス❖

プレゼンの時は絶対にラフなカッコはしません。夏場でもスーツにネクタイと決めています。髭も剃ります。それがプレゼンタイム時の私の戦闘服です。無精髭などで大切なプレゼンに挑む事はありません。髪の毛もカットとセットを怠りません。見た目も大切ですから、誰一人として不快な思いをさせないように身を清めて、身なりを整えて臨むのです。個人的な意見ですが、**プレゼンにクールビズなど必要ない**と私は思っています。

やはりネクタイとスーツはビジネスマンにとっては戦闘服だと思っています。プレゼンは勝ち負けがつく、現代の戦《いくさ》だと考えているからです。

第二章でも紹介しましたが、ハードルを下げる事もやります。そもそも日本人はハードルを下げる作業が得意な民族です。「つまらないものですが」とか「お口に合うかどうか」など、貴方も口にしたことがあるかも知れませんね。

私の場合は、かなりハードルを下げてからプレゼンをスタートさせます。相手だけでなく、ライバルを油断させるためでもあります。

やるからには勝つ！　必ずや勝利を収める。絶対に負けられない戦いがプレゼン会場にもあるんです！

第九章　笑いの神から授かった天性の感覚で新しい笑いを創生したキング・松本人志さんに学ぶトークテクニック

僕が子供の頃、世界のサッカーをテレビで見る事が出来たのは週に1度の30分間だけでした。

東京12チャンネル（現テレビ東京）で放送されていた『三菱ダイヤモンドサッカー』内での西ドイツリーグ『ブンデスリーガ』のみでした。

当時はインターネットという言葉を聞いた事すらなかった時代でしたから、世界のサッカーのトレンドを小学生の僕が知る術は全くなかったのです。

昔から**『習うより慣れろ』**と言いますが、世界的な選手の見本や手本が身近にない時代でしたので、誰に教わって良いのかも分からず、小中学校時代はサッカー未経験者の監督の下、ほぼ我流でサッカーをやっていました。

それでも県大会では小中学校時代に共に優勝はしましたが、今思えば、もっと専門的な指導を受けたかったというのが本音です。

ところが今はインターネットの普及により、日本サッカーのレベルは明らかに向上しました。

今やワールドカップ本大会出場は当然、ナショナルチームの目標、サポーターの要求は最低でもベスト8となりました。

僕が小学生の頃は夢のまた夢でしたが、今では非常に現実的なものとなっています。

このようにサッカーなどのスポーツに限らず、歌、映画、演劇などのエンタメから芸術、美術、学術に至るまで、世界のトップを目に耳にする事は大変有意義な技術向上の手段です。勿論プレゼンでも。

ここ数年、世界的な企業は、経営者自らがステージに立ち、新製品のプレゼンを率先してやっています。

その模様をタブレットで見ながらプレゼンを学ぶ事も1つの手法ですが、失礼ながら彼等は決して『喋りのプロ』ではありません。

この最終章で喋りのプロから学ぶ項目はズバリ【技術】です。

例えばサッカーなら『シュート技術』、野球なら『バッティング技術』、音楽なら『ギターテクニック』、料理なら『包丁さばき』など、きちんとした指導や教材があって、きちんと訓練をすればある程度のレベルの技術には達します。

そこから上の領域を目指すには、普通の訓練では限界があるでしょうし、天性のものに加え、血の滲むような努力をしないと容易ではないでしょう。

技術を体得した次のステージでは、チャンスが巡ってきた場面で、持てる全ての力を発揮しなくてはなりません。

何だか大変そうだと諦めてしまいがちですが、物は考えようです。**最も簡単で前向きな、それでいて真実**と言える『**努力と汗は裏切らず**』という精神を持てば大丈夫なのです。

この発想に考え方を変換すれば、僅かずつでも日々成長する事が可能となります。
プレゼンもトーク技術が向上すれば、同じフレーズでもプレゼン相手の耳に届く時には別のものに変わっていきます、同じ言葉なのに。つまり、**心に響くか響かないかは、技術で変わる**のです。

お笑い業界にもれっきとした学校が存在しています。大手芸能事務所はこぞって『お笑い養成所』を開校し、卒業生を自身の事務所に所属タレントとして迎え入れるシステムを作っています。

その学校には、天性のお笑いセンスを持っている者もいれば、人生で一度も人を笑わせた事のない者も入学してきます。生徒たちは皆、実に個性的で素晴らしい卵達ばかりです。

短い期間ではありますが、ここでプロの芸人になるべく必要とされる様々なカリキュラムが行われます。

私は劇場オーディション組なため、養成所内の体験談を紹介する事は出来ませんが、このようなお笑いの養成所で、基本的なテクニックを習得する事は可能であると考えています。

読者の方の中には「お笑いの勉強？」「学校に通えば面白くなれるの？」と思う方も多い事でしょう。ところが、ある程度の技術は確実に学ぶ事が出来るのです。

何故なら**お笑いには幾つかの【笑える方程式】というものが存在**しているからです。

例えば『3段オチ』。これはフリ（普通の事）が2個続くと3つ目のオチ（変な事）が、何もフラないよりも笑いを取りやすい状況になるという方程式です。

他にも『間の取り方』ですね。

僕は『間＝魔』だと考えてます。間を間違えると、本来ウケるネタがウケなかったり、最悪スベったりしてしまうから魔でもあると考えています。

この間の取り方の方程式もあるにはありますが、貴方の場合はそもそも笑いを取る必要はありません。

プレゼンで大切なのは〝印象に残る間の取り方〟であり、〝心に響く間の取り方〟

です。

このテクニックを身につける事が出来れば確実に成長します。

そして最終的に勝ち癖をつけていきましょう。

本書は、芸人の中でも特に『喋りのプロ中のプロ』と思われている方々から勝つためのプレゼン術を紹介してきたのですが、いよいよ最終章は『キング』から学んでいきましょう。

ラストを飾るのはやはりこの方！

キング・オブ・キングス【ダウンタウン・松本人志】さんです。

芸能界で唯一無二の存在。現在のお笑い界の頂点に君臨し続けています。

松本さんは皆さんご存知の通り、センスの塊ですから、このセンスや面白い所の真似など、我々が出来る訳ありません。

ただ、松本さんの話術の中の特徴的な要素を、何とかプレゼンに活かせるのでは？

という可能性に賭けてみたいと思います。

ちなみに松本さんは吉本興業のお笑い養成学校『大阪NSC』の第1期生です。

あくまでも個人の感想ですが、今のお笑い芸人が面白いのは先輩芸人の皆さんと、それを世の中に放送してくれたメディア関係者の皆さんのおかげなんです。だから日本の笑いは世界的に見ても独特でハイグレード・ハイクオリティなのです。

そこに加えてYouTubeで過去の映像が見られるようになり、お笑い芸人のレベルやネタのクオリティは確実に上がったのです。

その中でもダウンタウンさんは新しいジャンルを確立し、ダウンタウンさん以降の笑いはダウンタウンさんがその主流を作ったといっても過言ではありません。


本書では松本さんの最高級テクニックから、ギリギリ、あくまでもギリギリですよ、我々でも見習えてプレゼンに活かせるであろう**特徴的な項目を抜き出して**みました。

これさえマスターしてしまえば、明らかに前回と違うプレゼンを貴方も周囲も感じる事でしょう。私もこのテクニックはお笑いではなく、プレゼン時に真似させて頂いています(笑)。

【松本さんから学ぶ】

■独特な話し方

誰もが1度は松本さんがテレビで話している姿を見た事があるはずです。印象に残る独特な話し方をされていますよね。

何かを話す時の天才的な『発想』を真似するなど、どう足掻いても到底無理な事です。

なので、プレゼンに活かせる日本芸人最高技術を目と耳で盗む。つまり技術の物真似を試してみましょう。

ココマネ！

人間は生まれてから少しずつ、目で人間の動作を、耳で人間の言葉を学びます。コレって全て『人の真似事』なんですよね。だからこそ、多くの人の良い所を真似していきましょう。

発声を使い分ける

例えば、あるフレーズを私が言っても笑いにならないのに、同じフレーズを一流の芸人さんが言うと笑いが起こるという現象があります。自分で書いていてかなり悲しくなりますが(笑)。

でも極端な話、顔と名前を伏せて同じ事を言っても松本さんが言えば絶対に笑いが起こるんです。

つまり松本さんはオリジナリティ溢れる発想から最も笑いが起きるイントネーションやアクセントなどを一瞬の判断でチョイスし、そのフレーズを笑いという形に変えているのです。

細かく分析すると、現場の空気感、視聴者層、スポンサーなどを考慮し、コンマ何秒の世界で分析・判断し、ボケの種類を選択し、発声を使い分け視聴者の耳に届けているんです。

ココマネ！

プレゼンは一定のリズムではなく、声に高低・大小・緩急・抑揚を付ける意識を心掛ける。話し方は訓練と意識で変わるのです。

■滑舌の良さ

僕が松本さんの凄さを語らせて頂くのは大変おこがましい事なんですが、松本さんの数ある凄さの1つとして『滑舌の良さ』をお伝えしておきたいのです。

松本さんが噛んだ所を私は見た事ないのですが、仮に噛んでも絶対に笑いにしてしまうのです。極端な解釈ですが、もし噛んだとしても、それは本筋には全く問題のない場面なのです。松本さんの凄さは、噛んではいけない所では絶対に噛まないという点です。

アナウンサーのような完璧なまでの言い回しと聞きやすさもあります。ご自分の発想で話している分、原稿を読むアナウンサーの方よりも天才的なアナウンス力と言えるのではないでしょうか。ハッキリと聴こえている分、ガッツリと笑いを取れるという事です。

ココマネ!

プレゼンの接続詞は『ハッキリ』『ゆっくり』『しっかり』が大切です。
イメージを文字に起こすと『だから』ではなく『だ・か・ら!』です。

緩急と強弱

変幻自在の松本さんのトークの例として、ゆっくりと始まったと思ったら一気に落とす、など全く予想がつかないため、笑いが起きるのです。

一応、私もプロの端くれなのですが、「ココで来たか！」と松本さんのトークテクニックには驚かされるばかりです。

それはまるでジェットコースターのようです。

上下に、左右に、そして当然のように捻りがあり、どっちの方向に向かうのか予想がつかない展開の連続なのです。

そして、この場面は小声の方がウケる、この場面は張った方がウケるという判断が完璧なのです。これぞ芸人ナンバーワンと言われる所以《ゆえん》でもあります。

ココマネ！

緩急と強弱の2つがプレゼン時の基本となります。それを意識するだけでプレゼンに厚みをもたらします。

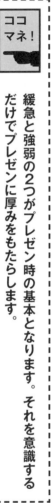

話し方のバリエーション

百戦錬磨の松本さんはまさにトークバリエーションの宝庫です。

視聴者の年齢・性別・場所・時世などに合わせてトークの内容だけなく、その場の状況に応じて質、喩え、トーンなどを変化させているのです。それ故に、王道のバラエティからワイドショーまで幅広く活躍し、現場で最適な笑いや必要とされるコメントまで的確かつ面白おかしくこなしてしまうのです。


ココマネ！

プレゼン相手に合わせた口調や話し方を心掛けましょう。折角素晴らしい内容でも聞き取ってもらえなかったら何の意味もありません。

目線

松本さんは二重で目の大きな方なので目力の凄さが際立ちます。

これも持論なのですが、松本さんは黒目と白目のバランスをも使いこなし、面白ワードに更なる厚みが生まれて笑いを誘発します。

例えば、自分に不利な話を誤魔化す場合には、黒目をなくすように白目をむき出しにすれば、話を聞いていないように見え、そこに笑いが起きます。このような場面では、目をつむるよりもウケるのです。この判断を瞬時にやれてしまうのがキングなのです。

これは『目は口ほどに物を言う』効果なのです。

ココマネ！

プレゼン中に目を泳がせたらアウト。プレゼン相手に不安と疑念を抱かせるだけです。目も腹も据え、1人1人の目に訴えるのです。声に力を込め、真っ直ぐ見据えると「ココが大切なポイントなんだな」と、プレゼン相手にも伝わりやすくなるのです。

【結論】

常にアンテナを張り巡らせ、良い物は取り入れていく。模範や手本となる人、物は全て参考にし、貴方に合った事はカードの1枚にしてしまうのです。

このプレゼンテクニカルカードは何枚あっても困る事はありません。枚数が多ければ多い程、貴方は勝ち続けるのです。つまり勝ち癖がつくという事なのです。

ただし、カードの出し方を間違えてしまうと命取りにもなりかねません。貴方にピッタリのカードを持ち、出し方をミスしないように気をつけましょう。

❖ ヒデのスタンス ❖

お笑いの才能が無い私だからこそ、**分析や傾向と対策、そして予習復習を怠らずに続けています**。

そして自分なりの言い回しや比喩を見つけて勝負しているのです。それが最も活かされているのが『通販コーナー』なのです。

ある頃から、テレビ業界も消費者(視聴者)も通販番組の高い価値と大きな可能性に気が付いたのでしょう。

そして世の中がコロナ禍となった時には、買い物に行けないストレスを、買い物に行った時のような楽しい気持ちに、つまりショッピングをしているようなウキウキ・ワクワクとした気分に出来る、とよりその需要は高まったと思います。

だからこそ、楽しみながら買い物が出来る番組を目指して、よりバラエティ要素を導入していく方向に舵を切る1つの方法として、それに打って付けの芸人をMCとして起用したという訳です。そのため、最近は多くの芸人が通販番組に出演しています。

私は2014年に通販コーナーのMCに起用された時に、『**仕事は自分の捉え方次第で面白いコンテンツに変わる**』という事に気づきました。

つまり、私のプレゼン力と制作陣の創意工夫により、視聴者が大切な顧客となると思ったのです。

そして少しずつですが、努力を続けてきました。在京キー局テレビ通販売り上げナンバー1という結果に貢献できていることにより私に自信と誇りが宿りました。更に努力を重ね、連続1番を目指そうと誓いました。

通販業界で必要とされている、そう思うようになると裏の努力も楽しんで出来るようになったのです。

『自分は必要とされている、そう思えば頑張れる』

貴方も自信を持って様々な事に取り組み、どんどん仕事を好きになってみて下さい。

そこに価値が生まれ、自信と誇りが宿るはずです。

おわりに――

最初にこの本の執筆依頼を頂いた時に、自分の手の内とも言えるプレゼン術をライバルになり得る可能性のある方々に見せてしまう事に正直、若干の抵抗がありました。

しかし、この不景気や未曽有のパンデミックの中、私のプレゼンテクニックが皆さんや社会に少しでもプラスになればと思い、やらせて頂く事になったのです。

ところが、実際に書いていくと、本書は私の技術の紹介というよりも、『様々な一流芸人の皆さんのトーク術』をご紹介する内容になっていきました。

このような内容を書くにあたり、改めて沢山の芸人さんのトークや立ち振る舞いをチェックし、その技術力の高さを研究している間に、私自身が学ぶ事が出来て、それを新たに自分のプレゼンに活かせるようになっていったのです。

私自身も『芸人の教科書』から学ぶことが出来ました。

ですから、皆さんも必ず学ぶことが出来ると思います。

そして、この1冊でプレゼンや接客に自信を付けて、成功への第一歩、1つのアイテムとなったら、こんなに幸せなことはありません。
少しでも多くの人が成功を収め、そして日本を明るくして頂きたい、と心から願っております。

ペナルティ　ヒデ

著者略歴

ペナルティ・ヒデ
1971年千葉県生まれ。名門・市立船橋高等学校サッカー部に所属し、2年生からレギュラーとして活躍、全国高等学校サッカー選手権大会準優勝とインターハイ優勝を経験。Jリーグからスカウトを受けるほどの実力だった。その後、高校・大学の後輩だったワッキーと1994年2月にお笑いコンビ「ペナルティ」を結成。バラエティ番組やスポーツ番組、全国の劇場を中心に活動中。フジテレビ『ノンストップ！』内の通販コーナー『いいものプレミアム』のMCを2014年から務める。他著の小説に『四季折々　アタシと志木の物語』『いつか、あなたと』がある。

本書は書き下ろしです

デザイン　米谷テツヤ
DTP　中村文（tt-office）
帯写真　長屋和茂

Kadokawa Haruki Corporation

ペナルティ ヒデ

勝《か》ち癖《ぐせ》がつく 最強《さいきょう》プレゼン術《じゅつ》

*

2021年7月 18 日第一刷発行

発行者 角川春樹
発行所 株式会社 角川春樹事務所
〒102-0074 東京都千代田区九段南2-1-30 イタリア文化会館ビル
電話03-3263-5881（営業） 03-3263-5247（編集）
印刷・製本 中央精版印刷株式会社

ISBN978-4-7584-1382-4 C0034
http://www.kadokawaharuki.co.jp/